ReliBausteine primar

**Michael Landgraf**

# Schöpfung

Natur erkunden – Über die Schöpfung erzählen –
Umwelt bewahren – Erntedank feiern

**Calwer – VSP – RPE**

Relibausteine primar – Schöpfung

ISBN: 978-3-7668-4344-9 (Calwer)

ISBN: 978-3-939512-72-1 (VSP)

ISBN: 978-3-938356-61-6 (RPE)

2. Auflage 2022


Satz: Verlagshaus Speyer GmbH
Umschlaggestaltung: Karin Sauerbier, Stuttgart
Druck und Verarbeitung: Mazowieckie Centrum Poligrafii –
05-270 Marki (Polen) – ul. Słoneczna 3C – www.buecherdrucken24.de
Internet: www.calwer.com
www.verlagshaus-speyer.de
www.rpe-online.com
E-Mail: info@calwer.com
info@verlagshaus-speyer.de

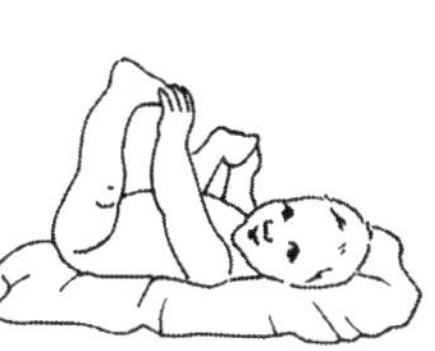

# Inhalt

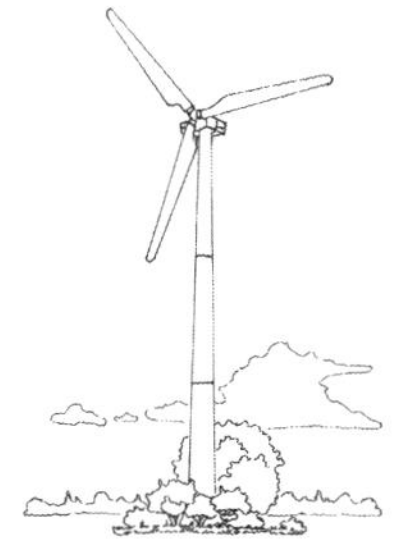

# Vorwort

Wir lernen seit unserer Geburt, unsere Umwelt wahrzunehmen und in ihr zu leben. Kleinere Kinder erschließen die Welt mit großen Augen durch Staunen, größere durch Erforschen und Fragen. Wer älter wird, sieht vieles als selbstverständlich an, doch es bleiben Lebensfragen wie: Woher kommt die Welt? Wie können wir in ihr leben? Welche Aufgaben haben wir als Menschen in ihr?

Wenn in der Schule oder in der Gemeinde von Schöpfung gesprochen wird, geht es um Aspekte wie Natur erkunden, über die Schöpfung Gottes erzählen, die Umwelt zu bewahren und Erntedank feiern.

**Um die Natur zu erkunden**, darf man das Staunen über die Welt nicht verlernt haben. Es gehört dazu ein genaues Hinsehen, wie alles in der Natur entsteht und sich wandelt, dass manches darin gefährlich, aber auch gefährdet ist.

**Über die Schöpfung erzählen** – das meint, die Geschichten am Anfang der Bibel (Gen 1-11) sowie Schöpfungspsalmen wie den Psalm 104 zu verstehen. Hier verbinden sich die Frage nach dem Woher mit dem Dank an Gott und dem Auftrag an den Menschen, der mit der ihm anvertrauten Schöpfung sorgsam umgehen soll. Schließlich zeigt der Vergleich zu Schöpfungserzählungen anderer Völker, wie vielfältig in der Menschheitsgeschichte über das Werden der Welt nachgedacht wurde.

**Umwelt bewahren** beleuchtet Aspekte, wie man wachsame Schritte gehen kann, damit die Welt lebenswert bleibt. Dabei sind auch Vorbilder wie Franz von Assisi zu bedenken.

**Erntedank feiern** zeigt schließlich, dass das Erinnern an das Geschenk der Schöpfung und die damit verbundene Aufgabe Teil des christlichen Lebens und des Jahreslaufs ist.

Die praxiserprobten Materialien aus der Reihe ReliBausteine bieten einen elementaren Zugang zu den Themen Schöpfung, Umwelt und Erntedank. Mit ihnen verbunden ist der Band **Altes Testament**, da der vorliegende Band die Anfangsgeschichten Gen 1-11) ergänzt, sowie der Band **ICH und DU**, in dem es um die eigene Entwicklung sowie um Regeln im Zusammenleben geht. Das Bausteine-Prinzip bietet Arbeitsblätter, Kreativ- und Spielideen, Impulse zur Diskussion und Lieder, die sich ergänzen und viel Raum für offenes Arbeiten und einen breiten Kompetenzerwerb lassen.

Michael Landgraf
Neustadt an der Weinstraße

# Theologische Einführung

Theologie, Kirche und der Religionsunterricht stehen heute vor der Aufgabe, auf gesellschaftliche Fragen wie die des Umgangs mit der Schöpfung Antworten zu geben. Im Lauf der Geschichte entwickelte sich der Mensch in seinem Verhältnis zur Umwelt. Musste er sich in der Urzeit noch den Bedingungen der Natur anpassen, begann er sie durch Ackerbau und Rodung der Wälder zu verändern. Ab dem 19. Jahrhundert ist ein zerstörender Einfluss des Menschen auf die Umwelt zu beobachten, dem Pflanzen- und Tierarten zum Opfer fallen und durch den der Lebensraum gefährdet wird.

Wenn von Natur die Rede ist, schwingt der griechische Begriff „Physis“ mit, der Wachstum und gleichzeitig „das Ganze“ bedeutet. Die Griechen sahen den Menschen noch als Teil der Natur. Die Römer hingegen drückten mit dem Wort „Natura“ aus, dass die Umwelt eine Sache, ein Objekt sei, das es zu beherrschen gilt. Dass die Natur dem Menschen zu dienen habe, ist auch das Denken der Neuzeit. Der Philosoph René Descartes formulierte ein anthropozentrisch verengtes Naturverständnis: Die Natur bestehe aus einer „denkende Sache“ (res cogitans – das menschliche Subjekt) und eine „ausgedehnten Sache“ (res extensa – die Natur als Objekt). Verbunden wurde dieses Naturverständnis der Neuzeit mit einer einseitigen Interpretation der Aussage aus der ersten Schöpfungserzählung, dass der Mensch sich die Schöpfung „untertan“ machen solle (Gen 1,28). Doch Luthers Übersetzung ist hier problematisch, denn sie setzt als Grundidee eine hierarchische Ständeordnung voraus. Der Schreiber hatte jedoch eher das Bild eines verantwortlichen Herrschers vor Augen, der für sein Verhalten verantwortlich gemacht werden kann. Besser wäre eine Übersetzung: „Nehmt die Erde in Besitz.“

Auch andere Aspekte der Anfangsgeschichten (Gen 1-11) müssen für heute entschlüsselt werden. Hauptaufgabe dieser Geschichten ist, zu deuten, warum die Welt so ist, wie sie ist. Sie müssen daher zusammen betrachtet werden. Das erste Schöpfungslied (Gen 1,1-2,4a.) beschreibt dabei, dass Gott den Anfang macht, indem sein Geist (Ruach) Ordnung ins „Tohuwabohu“ (Hebräisch: Chaos; bei Luther falsch mit „wüst und leer“ übersetzt) bringt. Er erleuchtet die Finsternis und setzt eine Grenze (Feste), die eine Urflut zurückhält. In die Lebensräume Himmel, Meer, Luft und Erde werden Lebewesen hineingesetzt: Gestirne, Wasser-, Luft-, Landtiere und Menschen. Der Mensch wird als „Gottes Bild“ beschrieben – er kann antworten und ist für sein Tun verantwortlich. Spannend ist hier auch, dass der Mensch als Beziehungswesen (Mann und Frau) geschaffen wurde, ohne Vorrang des Mannes. Auch der Ruhetag ist eine von Gott geheiligte Gabe. Im Unterschied zur Schöpfungserzählung der Babylonier (S. 29-31), unter deren Einfluss Gen 1,1-2,4a entstand, steht Gott über der Natur. Sonne, Mond und Sterne sind nur noch Lichter, die er an den Himmel setzt.



Die zweite Schöpfungserzählung (Gen 2,4b-3) ist wohl älter. Sie stellt ins Zentrum den Garten Eden, einen fruchtbaren Garten als idealer Ort für Nomaden. Doch in diesem „Paradies“ gerät die Ordnung in Unordnung. Der Mensch übertritt seine Schranken, indem er vom „Baum der Erkenntnis“ isst und nun alles mit anderen Augen sieht: Er kann Gut und Böse unterscheiden und lernt die Härte des Lebens kennen.

Die folgenden Erzählungen führen aus, wie es dazu kommt, dass aus Gottes guter Schöpfung die Welt so wird, wie wir sie heute kennen. **Kain und Abel** (Gen 4) zeigt, wie das Leben selbst in Gefahr gerät. Die Noah-Geschichte beschreibt allgemeiner das schlimme Verhalten der Menschen (Gen 6ff.). Die Arche (Rettungskasten, Hebräisch dasselbe Wort wie Moses Schilfkästchen), bewahrt Menschen und Tiere. Am Ende erhalten sie die Zusage des Bundes. Schließlich bietet die Geschichte vom **Turmbau zu Babel** (Gen 11) eine Antwort auf die Frage, warum Menschen sich nicht mehr verstehen.

Psalmen wie der Psalm 104 fassen wie ein Bekenntnis die Dankbarkeit für Gottes Schöpfung in Worte. Schließlich sind auch Passagen des Neuen Testaments zu beachten: Die Pfingstgeschichte gilt als Umkehr der Geschichte vom Turmbau zu Babel. Am Ende der Bibel findet sich im Buch der **Offenbarung** die Vision von der zukünftigen goldenen Stadt Jerusalem, in der Bezug genommen wird auf den ersten Schöpfungsbericht (Offb 21).

Seit den 1970er Jahren stellen sich Theologie und Kirche verstärkt die Frage nach der **Ökologie**, die den Lebensraum (Oikos = Haus) untersucht. Man betont, dass alles mit allem in Beziehung steht. Ein Standardwerk war Gerhard Liedkes „Im Bauch des Fisches. Ökologische Theologie“, (Stuttgart 1979), der die „Solidarität zwischen Mensch und Schöpfung“ forderte. Die Formel **Frieden – Gerechtigkeit – Bewahrung der Schöpfung** (Ökumenischer Rat der Kirchen, Vancouver 1983) brachte weltweit Kirchen dazu, ihre ökologische Verantwortung ernster zu nehmen. Alle Lebewesen sollen als Mitgeschöpf wahrgenommen werden, wie einst Franz von Assisi (S. 70f.) überall „Geschwister“ sah. Auch beachtet wird der Ansatz „Ehrfurcht vor dem Leben“, den der Theologe Albert Schweitzer vor 100 Jahren formulierte. Seine Formel vom „Leben, das Leben will“ (S. 72) floss in die christliche Schöpfungsethik ein.

Auf dieser Grundlage ist der Themenbereich „Schöpfung“ für die Religionspädagogik ein zentrales Arbeitsfeld, in dem es zunächst darum geht, die Schöpfung in ihrer Vielfalt wahrzunehmen (S. 10-25). Schöpfungserzählungen der Bibel und anderer Kulturen regen an, über die Frage nach dem „Woher“ ins Gespräch zu kommen (S. 26-56). Bei der Frage, wie eine Solidarität mit der Schöpfung aussehen kann, sollen konkrete Beispiele, Perspektivwechsel und die Rolle von Vorbildern behandelt werden (S. 57-73). Schließlich gilt es, Schöpfung als solche wahrzunehmen und Formen des Dankes zu überdenken und in einer Feier auszuprobieren (S. 74-78).

## Didaktisch-methodische Überlegungen

| Aspekt<br>Teilthema | Kompetenzen<br>Lernende können ... |
|---|---|
| **Natur erkunden** | • Eindrücke über das, worüber sie staunen und wie sie die Welt erleben, formulieren sowie Elemente der Natur, ihrer Veränderung und Ambivalenz darstellen<br>• kreativ mit Naturmaterialien Schätze aus der Natur gestalten |
| **Über die Schöpfung erzählen** | • die biblischen Geschichten vom Anfang und die Schöpfungspsalmen in ihrem Zusammenhang nacherzählen, sie als Antworten auf Fragen der Menschen verstehen und auf kreative Weise präsentieren<br>• Schöpfungsbilder aus verschiedenen Zeiten sowie theologische Schlüsselbegriffe wie „Schöpfung", „Segen", „Paradies", „Bund", „Frieden" und „Gerechtigkeit" deuten<br>• Schöpfungsgeschichten anderer Völker mit der biblischen vergleichen |
| **Umwelt bewahren** | • Bedrohungen der Schöpfung benennen, die Folgen eines sorglosen sowie eines sorgsamen Umgangs mit der Schöpfung reflektieren<br>• über Personen berichten, die für einen sorgsamen Umgang stehen |
| **Erntedank feiern** | • erläutern, warum Christen Erntedank feiern und Elemente eines Gottesdienstes selbst gestalten. |

### Zu den Unterrichtsbausteinen

Kinder der ersten Klassenstufen erleben ihre Welt noch unmittelbar. Sie vermögen zu staunen und haben den Wunsch, ihre Umwelt zu erforschen. Die ersten Bausteine des Kapitels **Natur erkunden** gehen dem Staunen in Form von Impulsen und einem Lied (S. 10f.) nach. Da Kinder forschend auf ihre Umwelt zugehen, gilt es, ihre Sinnesorgane zu schärfen (S. 12), ihre Fantasie anzuregen (S. 13) sowie zu einer begrifflichen Klärung (Elemente S. 14) beizutragen. Kinder sollen in der Lage sein, Details wahrzunehmen (S. 15f.), den Kreislauf sowie die Veränderungen in der Natur zu reflektieren (S. 17f.) und gefährliche Seiten in ihr zu erkennen (S. 20). Ein Mensch, der ein Vorbild für das Staunen und Forschen sein kann, ist Wilson Bentley (S. 21), dessen Leidenschaft für die Schönheit vergänglicher Schneekristalle durch eine wunderbare Erzählung von Titus Müller bei uns bekannt wurde (Der Schneekristallforscher, Adeo-Verlag 2013). Ein weiterer Aspekt ist, dass Umwelt durch den Menschen verändert wird (S. 22f.) und dass der Mensch aus der Natur Nahrungsmittel gewinnt, am Beispiel Brot für Kinder sehr anschaulich nachzuvollziehen (S. 24). Der kreative Umgang mit Naturmaterialien fördert, dass man scheinbar bedeutungslose Dinge als Schätze wahrnehmen lernt (S. 25).

Der zweite Schwerpunkt, **über die Schöpfung erzählen**, greift die biblische Urgeschichte (Gen 1-11) sowie Schöpfungserzählungen aus aller Welt auf. Dabei geht es zunächst darum, den Zusammenhang der **Anfangsgeschichten** zu erschließen (S. 26-28). Die Erzählungen antworten auf konkrete Fragen der Menschen: *Woher kommt die Welt? Wer hat Lebenswelten und Lebewesen gemacht? Wieso ist alles nicht mehr so wie am Anfang?* Die auf babylonische Wurzeln zurückgehende **erste Schöpfungserzählung** spiegelt das aktuelle Wissen der damaligen Zeit und sieht die Schöpfung als schrittweisen Entstehungsprozess (im Unterschied zu Gen 2,4aff.). Kinder sollen diesen Prozess reflektieren und kreativ gestalten können (S. 29-31). Ein besonderer Aspekt ist die Installation des Ruhetags, über den aktuell diskutiert wird und der als Geschenk wahrgenommen werden sollte (S. 32). Dagegen liegt der **Paradieserzählung** (S. 33-36) ein älteres Weltbild aus der Zeit der Nomaden zugrunde. Der Fokus liegt hier auf der Vorstellung, dass Gott dem Menschen (Hebräisch: Adam) durch den Atem das Leben einhaucht (S. 34) und aus ihm das Leben (Hebräisch: Hawwa/Eva) formt. Heute aktuell ist die Frage, woher die menschliche Sehnsucht nach einem Paradies kommt und wie die Vorstellung der Kinder hierzu sind (S. 36).

Dass die Schöpfung der Welt in der bildenden Kunst seit Jahrhunderten eine wichtige Rolle spielt, wird Schüler/innen durch die Betrachtung der Bilder (S. 37f.) deutlich. Dabei geht es letztlich auch um die Frage, wie man Gott als Schöpfer darstellt.

Bei **Kain und Abel** (S. 39f.) geht es um die Frage, wo die Wurzeln der Gewalt liegen. Der Mensch ist frei geschaffen, sodass er sich von Gefühlen wie Neid und Wut leiten lassen und Leben zerstören kann.

Auch die **Noah-Erzählung** beginnt damit, dass Menschen sich Schlimmes antun. Mithilfe von Bildern und der Zusammenfassung (S. 45f.) kann die Erzählung kreativ präsentiert werden. Im Fokus der Primarstufe sollte das Versprechen Gottes (Gen 8,22) sein, das durch das Lied gut meditiert werden kann (S. 44). Anhand des Symbols Taube kann eine Diskussion über Gerechtigkeit, Frieden und Bewahrung der Schöpfung entfacht werden (S. 47).

Als letzte Anfangsgeschichte geht die Erzählung vom **Turmbau zu Babel** der Frage nach, warum sich Menschen nicht mehr verstehen (S. 48-50). Während jüngere Kinder Sprachbarrieren noch spielerisch überwinden, wird Sprache beim Älterwerden immer mehr zum Hindernis. Ein Turm des Verstehens, verbunden mit einem kleinen Sprachkurs, dient als praktische Übung, um das Nicht-Verstehen zu überwinden.

Wie man über die Schöpfung und den Schöpfer dankend und lobend redet, kann man am Beispiel der **Psalmen** 8 und 104 lernen (S. 51f.).

Die biblischen Erzählungen sind Teil einer umfangreichen Tradition von **Schöpfungserzählungen aus aller Welt** (S. 53-56), die eigens gewürdigt und mit diesen verglichen werden sollen.

Ein dritter Schwerpunkt beleuchtet den Auftrag, die **Umwelt zu bewahren**. Durch den Bildervergleich der Wimmelbilder (S. 57-59) können Kinder bereits früh den Folgen eines **sorglosen Umgangs** nachspüren. Der „Brief der Natur" (S. 60) fordert zu einem Perspektivwechsel auf, wie auch der Baustein „Im Raumschiff", der beleuchtet, was wäre, wenn es die Welt nicht mehr gäbe (S. 61).

Dass die **Umwelt in Gefahr** steht und es Tiere gibt, die vom Aussterben bedroht sind, beleuchten die Bausteine „Vorsicht Natur", „Bedrohte Schöpfung", und „Die letzte Blume" (S. 62-65). Schließlich geht es in diesem Themenbereich darum, **Strategien** im Umgang mit der Schöpfung zu entwickeln (S. 66), die diese schützen. Beispiele hierfür sind der Umgang mit dem Müll (S. 68), besonders beleuchtet am Beispiel der Plastiktüte (S. 69). Schließlich sollen die Schüler/innen in der Lage sein, eigene **Regeln** zu formulieren (S. 67).

Bei diesem Schwerpunkt werden ausgewählte **Vorbilder** im Umgang mit der Schöpfung vorgestellt. Für den Primarbereich eignet sich Franz von Assisi durch seinen persönlichen Umgang mit Mitgeschöpfen, der sich auch in seinem Sonnengesang ausdrückt (S. 70f.). Auch Albert Schweitzer, Theologe und Urwalddoktor, dessen Botschaft von der „Ehrfurcht vor dem Leben" elementar vermittelt werden kann, sollte bedacht werden (S. 72). Schließlich kann hier auch die Rede des Häuptlings Seattle Basis für ein Umdenken im Blick auf die Schöpfung sein (S. 73), auch wenn der konkrete Inhalt historisch nicht gesichert ist.

Der letzte Schwerpunkt dient der Auseinandersetzung mit dem Kirchenfest **Erntedank**. Zunächst sollten die Schüler/innen verstehen, welche unterschiedlichen Aspekte durch das Fest angesprochen werden (S. 74). Bausteine eines Erntedankgottesdienstes sollten sie reflektieren können und selbst motiviert werden, solche Elemente zu erarbeiten. Die Lieder (S. 76f.) können mit Bewegung umgesetzt werden. Die Grafikvorlagen dienen zur Formulierung eigener Ideen: die Sonnenblume (S. 75) motiviert, Wunder der Schöpfung zu benennen, das Brot (S. 76) soll zeigen, was man täglich zum Leben braucht und die offene Hand (S. 78) dient dazu, dass man das, wofür man bittet und dankt, auf den Punkt bringt (doppelt kopieren). Diese Grafikvorlagen können zur Präsentation der Ideen der Kinder im Klassenraum oder im Rahmen eines Gottesdienstes zum Schwerpunkt Schöpfung oder Erntedank verwendet werden.

Am Ende stehen Schöpfungs-Fragen, die als Ergebnissicherung, als Lernstandkontrolle oder als Quiz verwendet werden können.

# Überblick über die ReliBausteine „Schöpfung“

## Natur erkunden

| Titel | Lernende können ... | Schwierigkeit | Seite |
|---|---|---|---|
| **Über die Welt staunen**<br>**Lied: Ich staune ...** | beschreiben, wie Staunen geht und das, worüber sie staunen, benennen. | ☺<br>☺ | 10<br>11 |
| **Die Welt mit allen Sinnen erkunden** | beschreiben, wie sie mit unterschiedlichen Sinnen die Welt erkunden und einen Fühl-Karton oder einen Spürpfad gestalten. | ☺ | 12 |
| **Fantasiereise in die Natur** | sich mithilfe der Übung in Gedanken auf den Weg in die Natur machen und das Staunen über deren Wunder (Raupe-Schmetterling) ausdrücken. | ☺ | 13 |
| **Lebenselemente** | die vier Elemente und deren Bedeutung für das Leben beschreiben. | ☺☺ | 14 |
| **Natur wahrnehmen**<br>**Tiere wahrnehmen** | anhand der Bilder aufzeigen, wie vielfältig die Natur ist und wofür diese Vielfalt steht. | ☺<br>☺ | 15-17 |
| **Kreislauf der Natur**<br>**Wachsen und Altwerden** | erläutern, dass die Natur sich im Jahreskreis sowie durch das Wachsen und Älterwerden verändert. | ☺<br>☺ | 18<br>19 |
| **Gefährliche Natur** | die Ambivalenz der Natur und dabei ihre Gefahren aufzeigen. | ☺☺ | 20 |
| **Der Schneekristallforscher** | mithilfe der Person Wilson Bentleys das Staunen und Erforschen von scheinbar unwichtigen und vergänglichen Dingen in der Natur darstellen. | ☺☺ | 21 |
| **Die Umwelt wird verändert** | anhand dreier Bilder die Veränderung eines Ortes und einer Landschaft durch den Menschen beschreiben und im eigenen Ort recherchieren. | ☺☺ | 22-23 |
| **Aus Korn wird Brot** | anhand des Prozesses von der Saat bis zum fertigen Brot aufzeigen, wie aus der Natur ein Nahrungsmittel entsteht. | ☺ | 24 |
| **Natur gestalten** | mit Naturmaterialien verschiedene Wege der Gestaltung umsetzen. | ☺ | 25 |

## Über die Schöpfung erzählen

| Titel | Lernende können ... | Schwierigkeit | Seite |
|---|---|---|---|
| **Geschichten über den Anfang**<br>**Basiskarten**<br>**Über den Anfang der Welt erzählen** | mithilfe der Einführung, der Basiskarten und/oder des Erzählvorschlags einen Überblick über die biblischen Anfangsgeschichten geben sowie deuten, dass diese Geschichten erzählt wurden, um auf Fragen der Menschen zu antworten und diese zu klären. | ☺☺ | 26<br>27<br>28 |
| **Gott macht den Anfang**<br>**Schöpfung kreativ** | die erste Schöpfungserzählung (Lied Gen 1,1-2,4a) nacherzählen und mithilfe der Zusammenfassung den Weg der Schöpfung kreativ gestalten. | ☺☺ | 29-31 |
| **Der Ruhetag** | den Sinn des siebten Schöpfungstages mit anderen reflektieren. | ☺☺ | 32 |
| **Im Garten Eden** | die zweite Schöpfungserzählung (Gen 2,4b-3) wiedergeben und deuten, was mit „bebauen und bewahren“ gemeint ist. | ☺ | 33 |
| **Gott gab uns Atem** | mithilfe des Liedes und des Bildes das in der Geschichte dargestellte Geschenk des Lebens reflektieren. | ☺☺ | 34 |
| **Die Menschen verlassen den Garten** | die Geschichte weitererzählen und erläutern, warum für die biblischen Erzähler die Menschen nicht mehr im Paradies leben. | ☺☺ | 35 |
| **Das Paradies** | ausdrücken, was für sie ein Paradies wäre. | ☺☺ | 36 |
| **Bilder von der Schöpfung** | Bilder zur Schöpfung aus verschiedenen Jahrhunderten deuten. | ☺☺ | 37-38 |
| **Kain und Abel**<br>**Die Wut** | die Geschichte nacherzählen und den Aspekt der Wut mithilfe von Gefühlsfarben und der Erzählung von Timo herausarbeiten. | ☺<br>☺ | 39-40 |
| **Noah und die Arche**<br>**Die Sintflut**<br>**Der Regenbogen**<br>**Gottes Versprechen**<br>**Arche Noah kreativ**<br>**Arche Noah Bilder** | die Sintflut-Geschichte ausführlich wiedergeben und mithilfe der Bilder sowie der Zusammenfassung kreativ gestalten und präsentieren; Einzelaspekte („schlimme Dinge“, „Bund“ …) der Noah-Geschichte deuten und Gottes Zusage (Gen 8,22) reflektieren und kreativ umsetzen. | ☺☺<br>☺☺<br>☺☺<br>☺☺<br>☺ | 41-46 |
| **Das Zeichen der Taube** | die Taube als Symbol für Gerechtigkeit, Frieden und Bewahrung der Schöpfung erschließen und Assoziationen hierzu benennen. | ☺☺☺ | 47 |
| **Der Turmbau zu Babel**<br>**Turm des Verstehens**<br>**Viele Sprachen** | die Geschichte nacherzählen und deuten; präsentieren, was Nicht-Verstehen und Verstehen bedeutet und durch einige Basisworte in verschiedenen Sprachen kommunizieren. | ☺☺<br>☺☺<br>☺☺ | 48-50 |

| | | | |
|---|---|---|---|
| **Was ist der Mensch?** – Ps 8<br>**Dem Herrn singen** – Ps 104 | mithilfe der Psalmen aufzeigen, wie man in Liedern und Gebeten über die Schöpfung nachgedacht hat. | ☺☺<br>☺☺ | 51<br>52 |
| **Schöpfungserzählungen der Welt** | Schöpfungserzählungen aus dem alten Babylon und Griechenland, aus Afrika, Nordamerika, aus muslimischen Ländern und China präsentieren und mit der biblischen Schöpfungserzählung vergleichen. | ☺☺☺ | 53-56 |

## Umwelt bewahren

| Titel | Lernende können ... | Schwierigkeit | Seite |
|---|---|---|---|
| **Mit der Schöpfung sorgsam umgehen** | mithilfe des Bildvergleichs einen sorglosen Umgang einer Gruppe von Kindern mit der Natur erkennen. | ☺ | 57-59 |
| **Ein Brief der Natur** | den Brief der Natur an den Menschen weiter formulieren und so aufzeigen, was im Umgang mit der Natur schiefläuft. | ☺☺ | 60 |
| **Im Raumschiff** | bedenken, was man vermissen würde, wenn es die Welt nicht mehr gäbe. | ☺☺ | 61 |
| **Vorsicht Natur** | mithilfe des Verkehrsschildes aufzeigen, wo die Schöpfung bedroht ist. | ☺ | 62 |
| **Bedrohte Schöpfung**<br>**Die letzte Blume** | anhand der Bildkarten bedrohte Tiere benennen und eine Arche bedrohter Tierarten gestalten sowie ein Gegenbild zur Grafik Rencins erstellen.<br>Tipp: Die Tierkarten doppelt kopieren und Memory spielen. | ☺☺<br>☺☺ | 63-65 |
| **Umwelt schützen**<br>**Mit Müll umgehen**<br>**Die Plastiktüte**<br>**Regeln für den Umgang mit der Schöpfung** | Strategien für einen sorgsamen Umgang mit der Natur aufzeigen und über saubere Formen von Energie Auskunft geben;<br>den Umgang mit Müll im Alltag bedenken und am Beispiel Plastiktüte Folgen eines sorglosen Umgangs reflektieren;<br>eigene Regeln für den Umgang mit der Schöpfung aufstellen. | ☺☺<br>☺☺<br>☺☺<br>☺☺☺ | 66<br>67<br>68<br>69 |
| **Franz von Assisi**<br>**Sonnengesang**<br>**Albert Schweitzer**<br>**Häuptling Seattle** | über Personen, deren besonderer Umgang mit der Schöpfung sie bekannt gemacht hat, berichten und deren Botschaft präsentieren. | ☺<br>☺☺<br>☺☺<br>☺☺ | 70<br>71<br>72<br>73 |

## Erntedank feiern

| Titel | Lernende können ... | Schwierigkeit | Seite |
|---|---|---|---|
| **Erntedank feiern** | beschreiben, woran das Erntedankfest erinnert. | ☺ | 74 |
| **Erntedank-Gottesdienst** | Bausteine für einen Erntedankgottesdienst reflektieren und die eigene Gestaltung einer Feier planen;<br>mithilfe von Grafiken präsentieren, über welche Wunder der Schöpfung sie staunen, wofür sie dankbar sind und wofür oder für wen sie bitten;<br>deuten, was im Vaterunser das „tägliche Brot" bedeutet. | ☺☺ | 75-77 |
| **Du hast uns deine Welt geschenkt** | die Aspekte des Liedes in Bewegung umsetzen. | ☺ | 78 |
| **Schöpfungs-Fragen** | eine moderne Interpretation der Arche Noah zuordnen sowie Fragen zum Themenbereich Schöpfung beantworten oder daraus ein Quiz veranstalten (siehe hierzu auch www.bildungscent-spiel.de/bmu). | ☺ | 79 |

## Literatur


Dinklage, Eleonore von/Elisabeth Herwerth: Die Schöpfung – Gottes Geschenk an uns, Stuttgart 1997
Günther, Christian/Scherer, Gisela: Noah. RPH 3/2009, Speyer 2009
Horn, Reinhard/Landgraf, Michael/Walter, Ulrich: Relihits, Lippstadt 2014
Huy, Rainer/Beil, Brigitte/Scherer, Gisela: Schöpfung und Schönheit, RPH 2/2012, Speyer 2012
Landgraf, Michael: Altes Testament, Stuttgart 2022 (2. Auflage)
Landgraf, Michael/Metzger, Paul: Bibel unterrichten, Stuttgart 2011
Landgraf, Michael: ICH und DU, Stuttgart 2011
Liedke, Gerhard: Im Bauch des Fisches. Ökologische Theologie, Stuttgart (Kreuz) 1979
Müller, Titus: Der Schneekristallforscher, Asslar 2013
Schmid, Konrad (Hrsg): Schöpfung, Stuttgart (UTB) 2012
Walter, Ulrich: Der Schöpfungskreis, Hamburg 2013

# Über die Welt staunen

Warum riechen Blumen?
Wieso sehen Menschen unterschiedlich aus?
Woher kommt der Regenbogen?
Vieles bringt uns Menschen zum Staunen.

Kinder können meist besser Staunen als Erwachsene. Sie sehen vieles zum ersten Mal: Das weite Meer, den Sternenhimmel in klarer Nacht oder einen tollen Sonnenuntergang mit vielen Farben am Himmel.

Kinder haben aber auch mehr Fragen als Erwachsene.
Manche sind wie die, die oben stehen.
Manche gehen aber auch weiter und tiefer.
Woher kommt die Welt?
Warum gibt es uns Menschen?
Wer passt auf alles auf?

- ☞ Welche Fragen hast du dir schon gestellt?
- ☞ Beschreibe: Wie geht Staunen?
- ☞ Worüber staunst du besonders? Dies kannst du auf das Blatt schreiben. Fügt man mehrere Blätter zusammen, hat man eine Blume des Staunens.

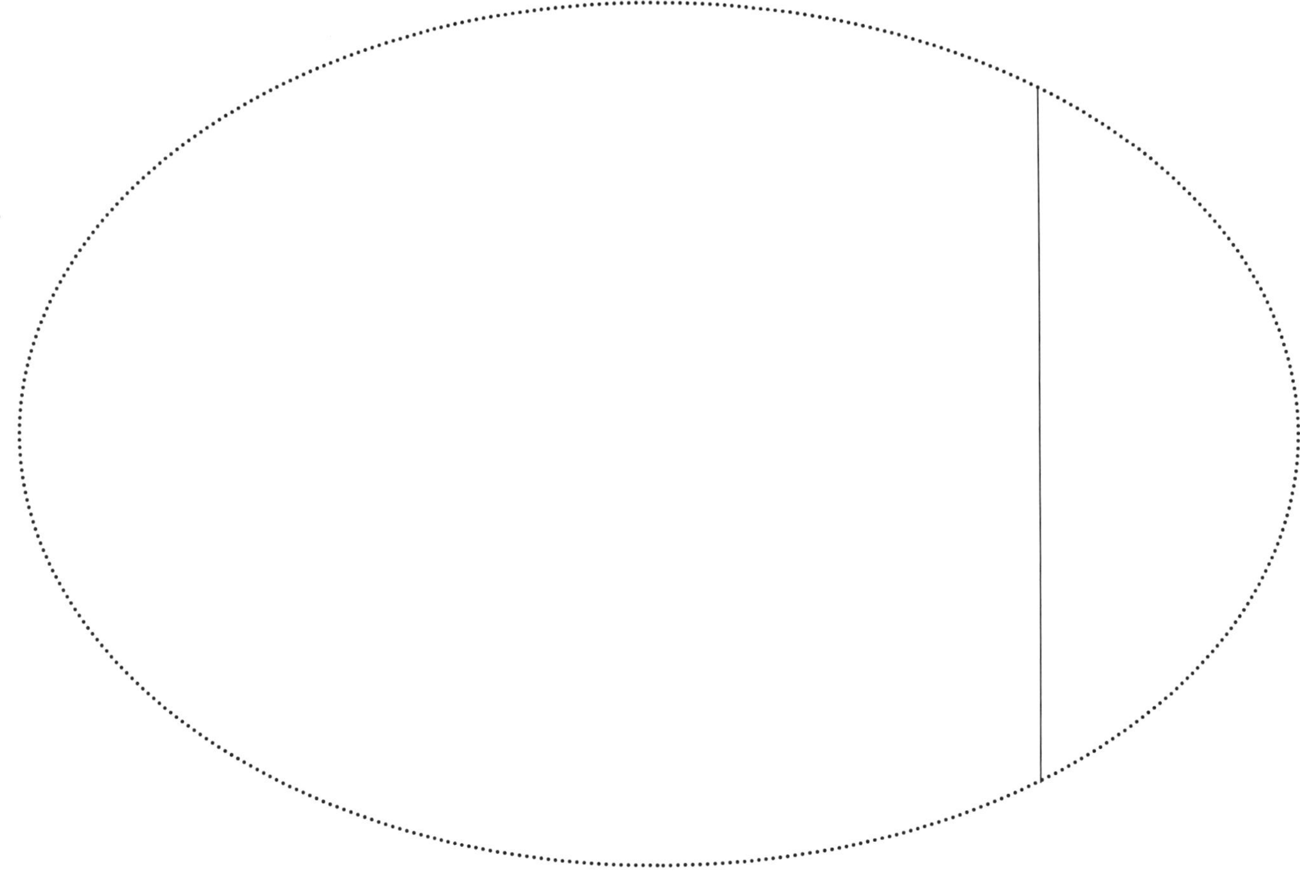

## Lied: Ich staune

Text: Michael Landgraf; Melodie: Reinhard Horn
ReliHits, Lied 32, CD 2, Track: 03

☞ Statt „den kleinen Wurm“ kannst du singen: das blaue Meer – den grünen Wald – den hohen Berg – den Schmetterling …

☞ Worüber kannst du staunen? Schreibe auf oder gestalte, über was du besonders staunst. In dem Lied kannst du das dann ergänzen.

## Die Welt mit allen Sinnen erkunden

☞ Mit deinen Körperteilen kannst du die Welt erkunden. Schreibe oder gestalte, wie du dies tust und was du damit erkunden kannst.

**Auge**

**Hand**

**Nase**

**Fuß**

**Ohr**

**Mund**

☞ **Projekt „Fühl-Kisten" und „Spür-Pfad":**
In Schachteln oder in flache Pappkartons könnt ihr Naturmaterialien legen. Dann werden die Augen verbunden und ihr könnt riechen oder mit Händen oder barfuß mit Füßen fühlen, was sich in den Kisten befindet.

# Fantasiereise in die Natur

In die Natur kann man auch in Gedanken reisen. Diese Fantasiereise hilft dabei.

Setze dich bequem hin. Schließe die Augen und atme fünf Mal tief durch.
Alles, was dich belastet, verschwindet aus deinen Gliedern. Alles, was du gerade gedacht hast, verschwindet aus deinem Kopf. Du wirst ganz ruhig und deine Gedanken schweifen umher.
Du stellst dir vor: Es ist ein sonniger Tag im Frühling. Der Himmel ist blau. Ein paar weiße Wolken ziehen friedlich am Himmel entlang. Du spürst Sonnenstrahlen und einen warmen Wind auf deiner Haut. Das wärmt dich und verschafft dir ein gutes Gefühl.
Du siehst einen Weg. Er führt dich hinaus in die Natur. An einem Baum steht eine Sitzbank und du setzt dich. Dein Blick streift über eine wunderschöne Wiese. Du siehst grünes Gras und kannst den Duft der bunten Blumen riechen. Alles, was du hörst, ist das Zwitschern der Vögel, die im Baum sitzen, und das Zirpen der Grillen, das von der Wiese kommt.
Am Baum hängt ein Ast herunter. Du siehst darauf eine kleine dicke Raupe. Sie isst an einem Blatt. Du weißt, aus der kleinen, gefräßigen Raupe wird einmal ein schöner Schmetterling.
In dem Moment fliegt ein Schmetterling vor deiner Nase vorbei. Er fliegt zu der Wiese und setzt sich sanft auf eine Blume. Wie leicht ist er. Wie schön muss es sein, wie ein Schmetterling fliegen zu können.
Du fragst dich: Weiß der Schmetterling, dass er einmal eine Raupe war? Seine Verwandlung ist wie ein Wunder, das dich zum Staunen bringt. In Ruhe denkst du über anderes nach, über das du dich in der Natur wunderst und das dich zum Staunen bringt.
(1-3 Minuten Stille)
Du schaust dir in Ruhe noch einmal die Wiese und die bunten Blumen an. Wie viele Farben es doch in der Natur gibt. Noch einmal atmest du durch die Nase und riechst den Duft der Blumen.
Nun stehst du auf und gehst langsam wieder auf den Weg, der dich hierher zurückführt. Du spürst, dass deine Glieder schwerer werden. Du spürst deine Arme und Beine, bewegst deine Finger und Zehen. Und du öffnest langsam die Augen und schaust freundlich deine Nachbarn an.

☞ Beschreibe, was du alles auf der Fantasiereise erlebt hast.

☞ Warum ist die Verwandlung einer Raupe in einen Schmetterling ein kleines Wunder?

☞ Nenne weitere Wunder der Natur, die dich zum Staunen bringen?

# Lebenselemente

*Woraus besteht alles Leben?*
*Ohne was kommt kein Lebewesen aus?*
Mit diesen Fragen beschäftigen sich Menschen schon lange. Vor rund 2500 Jahren fand man in Griechenland heraus, dass es ohne Luft, Wasser, Erde und Feuer kein Leben gibt.

Das sind die vier Elemente. Element meint „Grundstoff“, also das, woraus alles besteht. Feuer meint auch die Sonne. Erde bedeutet auch alles, was einen Körper hat. Das Wasser steht für alles, das fließt. Und die Luft meint auch alles Unsichtbare.

☞ Schau dir das Bild an und überlege, warum man diese Symbole (Zeichen) für die vier Elemente wählte.

☞ Schreibe rund um die vier Elemente, wozu man sie braucht. Du kannst dazu unterschiedliche Farben benutzen, die du mit den Elementen verbindest.

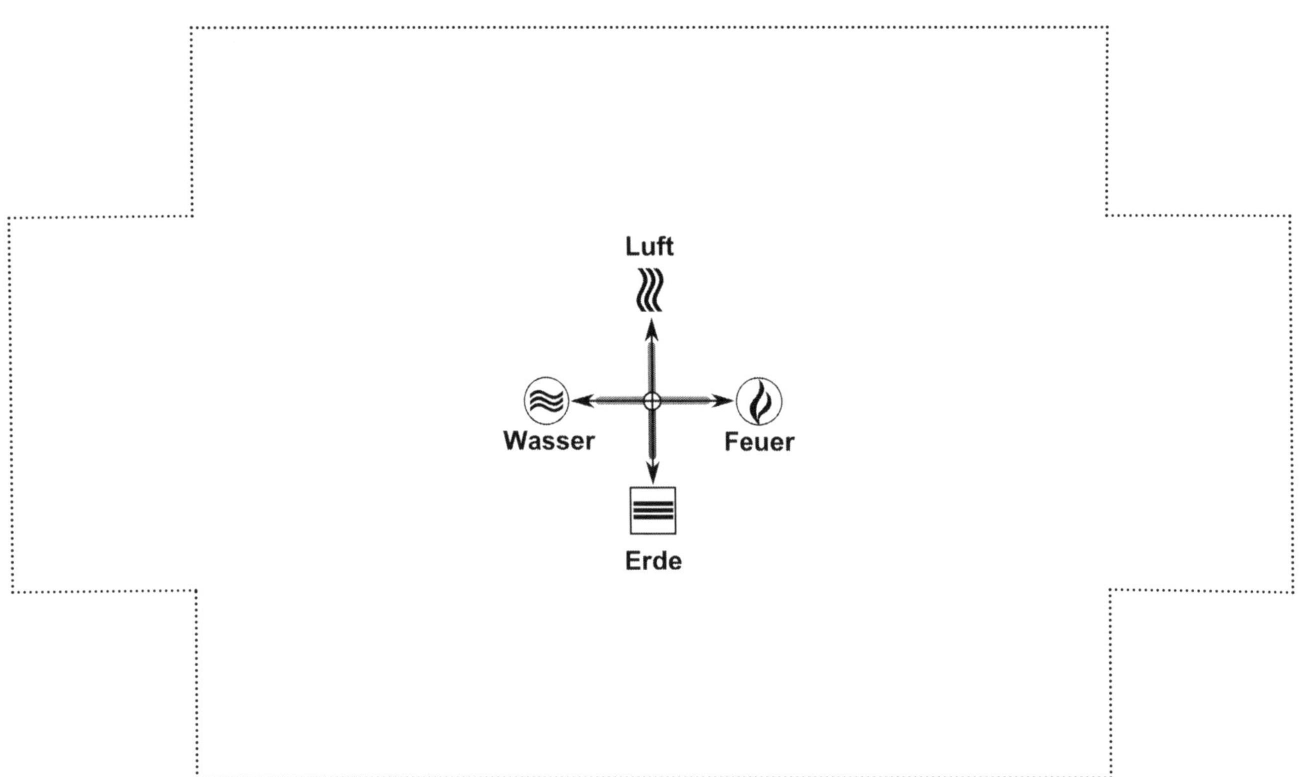


☞ Ergänze die Satzanfänge:

Ohne Luft ...

Ohne Wasser ...

Ohne Feuer oder die Sonne ...

Ohne Erde oder den Körper ...

# Natur wahrnehmen

☞ In der Natur entdeckst du viele Pflanzen. Die fünf Bäume sind eine Weide, eine Dattelpalme, eine Tanne, ein Apfel- und ein Kastanienbaum. Ordne sie zu.

☞ Ordne diese „Früchte“ den Bäumen zu.

☞ **Projektidee**
Pflanze einen Samen oder eine Blumenzwiebel und beobachte sie beim Wachsen. Gestalte ein Tagebuch dazu.

☞ Schreibe rund um den Stern, warum wir Pflanzen zum Leben brauchen.

# Tiere wahrnehmen

Vieles gibt es auf der Welt zu sehen. Unzählige Pflanzen und Tiere gibt es. Das Wimmelbild zeigt verschiedene Tiere. Sie alle kannst du bei uns in der Natur entdecken.

☞ Nimm zuerst das Wimmelbild ohne die Hinweise und suche die Tiere, die darauf zu finden sind.

☞ Wenn du dann Hilfe brauchst oder dein Ergebnis kontrollieren willst: Auf dem Bild finden sich folgende Tiere (von links nach rechts).

Mehrere **Raupen** im Boden – **Fuchs** – **Eichhörnchen** im Baum – **Maus** unter der Erde – **Schnecke** – **Spinne** im Baum – **Eule** oben im Baum – **Reh** – **Igel** – **Käfer** auf einem Blatt – **Frosch** – **Vogel** im Schilf – **Schmetterlinge** in der Luft – **Fische** im Wasser – **Hase** am Ufer – **Libellen** in der Luft – **Raubvogel** und **Taube** oben am Himmel – **Muschel** im Wasser – **Reiher** am Ufer.

☞ Überlege mit anderen:
- O Wer hat die Tiere gesehen? Welche Erlebnisse verbindet ihr mit ihnen?
- O Welche Lieblingstiere habt ihr in der Gruppe?

☞ Das Bild kannst du mit Farben und mit Naturmaterialien gestalten, wenn es groß genug kopiert wurde (DIN A3).

# Kreislauf der Natur

Die Natur verändert sich dauernd. Eine Blume keimt aus einer Blumenzwiebel. Dann wächst sie und blüht, bis sie verwelkt. Im nächsten Jahr wächst sie vielleicht wieder, wenn die Zwiebel genügend Kraft hat. An Bäumen kann man jedes Jahr dieses Blühen und Vergehen erleben. Sie zeigen uns, welche Jahreszeit gerade ist.

☞ Schreibe oder gestalte rund um die Bäume deine Gedanken zu den Jahreszeiten.

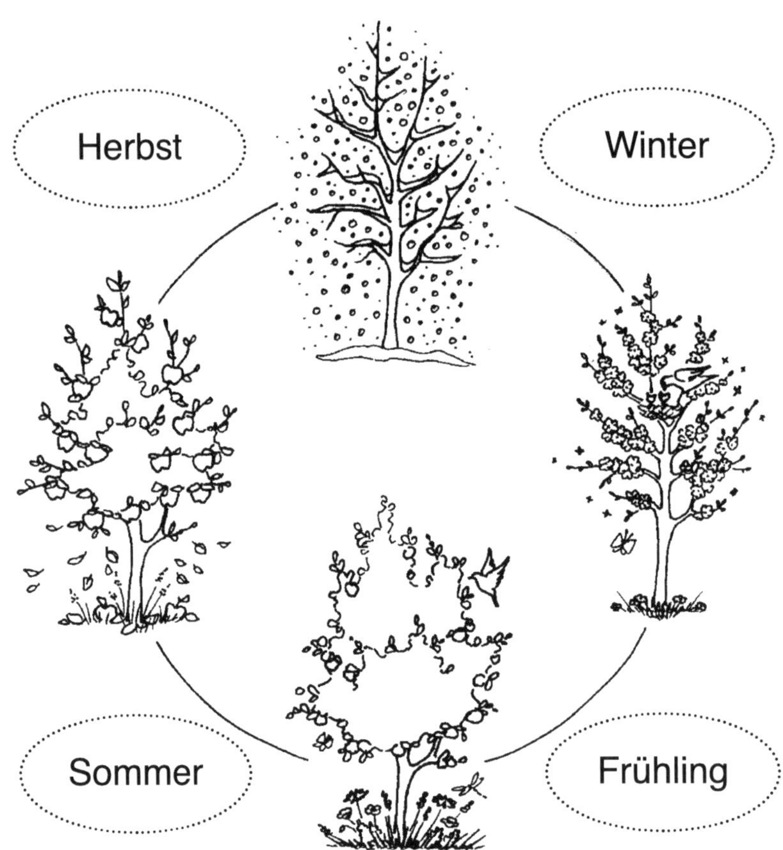

# Lebenslauf

Das Leben verändert sich. Kommt ein Lebewesen zur Welt, ist es klein.
Es wächst heran und wird erwachsen. Dann wird es alt und stirbt.
Dies nennt man Lebenslauf.

☞ Beschreibe, was in den einzelnen Phasen des Lebens geschieht.

☞ Was ist in den Lebensphasen vielleicht schön, was weniger schön?

# Gefährliche Natur

Die Natur kann auch gefährlich sein. So können Tiere wie Wespen oder Pflanzen wie die Brennnessel Schmerzen verursachen. Zecken können Krankheiten übertragen.

Es gibt Gefahren durch das Wetter – bei Glatteis, Gewitter, Dauerregen oder in einem Sturm. Und es gibt Naturkatastrophen wie Erdbeben.

☞ Was weißt du über diese „Gefahren“ aus der Natur?

**Gefährliche Tiere**

**Giftige Pflanzen**

**Glatteis**

**Gewitter und Blitz**

☞ Berichte von Erlebnissen mit diesen Gefahren.

☞ Von welchen Gefahren hast du noch gehört? Überlege, welche dieser Gefahren vielleicht von Menschen verursacht sind.

☞ Wasser ist für das Leben notwendig und zugleich gefährlich. Erzähle eine Geschichte zu den beiden Bildern.

# Der Schneekristallforscher

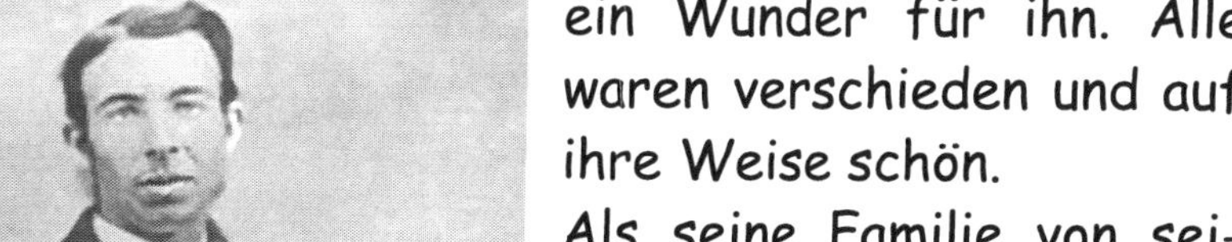

Wilson Bentley lebte vor rund 150 Jahren in den USA. Er war Farmer, wie schon sein Vater und die Nachbarn um ihn herum.

Wilson arbeitete vor dem Sonnenaufgang im Stall. Dann kümmerte er sich um das Anzapfen von Ahornbäumen. Aus dem Saft dieser Bäume wurde Sirup gekocht, den man gerne in Amerika zu Pfannkuchen isst.

Doch Wilson hatte ein ungewöhnliches Hobby. Dort, wo er lebte, können die Winter sehr lang sein. Irgendwann fing er an, Schneeflocken zu sammeln. Er legte sie auf eine kleine Glasplatte und schaute sie sich unter dem Mikroskop an. Schneeflocken zu sammeln und sie anzuschauen, bevor sie schmolzen, war seine große Leidenschaft. Beim Anschauen der Schneeflocken machte er eine Entdeckung, die ihn überraschte: Keine glich der anderen. Das war wie ein Wunder für ihn. Alle waren verschieden und auf ihre Weise schön.

Als seine Familie von seiner Leidenschaft erfuhr, verstanden sie die Welt nicht mehr. Sein alter Vater schüttelte nur den Kopf. Die Nachbarn tuschelten: „Wilson ist ein Spinner!". Aber er ließ sich nicht abbringen. Er begann, Zeichnungen von den Schneeflocken zu machen. In dieser Zeit wurde der Fotoapparat erfunden. Für viel Geld kaufte er sich einen und fotografierte seine Schneeflocken. Dann schickte Wilson die Fotos zu einem Verlag in der Stadt New York. Dort interessierte man sich sehr dafür und Wilson wurde ein berühmter Mann. Überall hin lud man ihn ein, dass er von seiner Forschung berichten sollte. Allein in seinem Dorf hielt man ihn bis zu seinem Lebensende für einen Spinner.

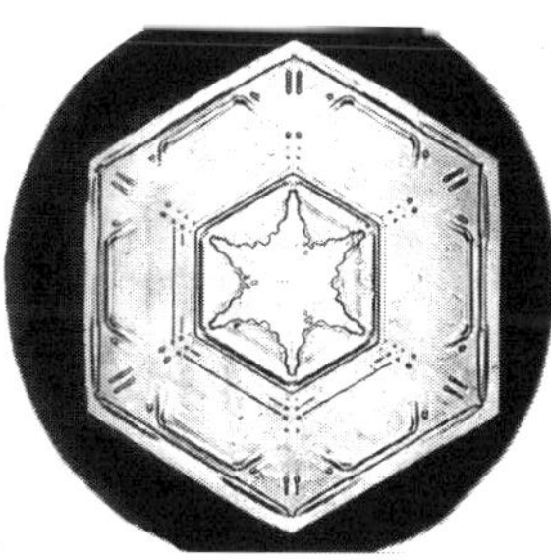

☞ Fasse zusammen, wie Menschen auf Wilson Bentleys Leidenschaft reagierten. Was denkst du darüber?

☞ Die Bilder zeigen Fotografien von Schneekristallen, die Wilson selbst gemacht hat. Beschreibe jedes Schneekristall mit eigenen Worten. Suche auch nach Unterschieden und Gemeinsamkeiten zwischen den Kristallen.

☞ Überlege mit anderen, was Wilsons Arbeit so besonders macht. Wie nimmt er die Welt wahr? Was kann man von ihm lernen?

# Die Umwelt wird verändert

Die Natur wird vom Menschen seit vielen 1000 Jahren verändert.
Die drei Bilder zeigen die Entwicklung eines Ortes innerhalb von 100 Jahren.

☞ Suche in den Bildern, was sich verändert hat.

☞ Du kannst die Bilder gestalten. Nutze dabei Gefühlsfarben, die zeigen, wie es dir mit den Bildern geht.

Eine solche Entwicklung gab es in fast jedem Ort – auch in dem Dorf oder in der Stadt, wo du lebst.

☞ Befrage ältere Leute, wie sich der Ort oder der Stadtteil seit ihrer Kindheit verändert hat.

☞ Suche Fotos, wie der Ort oder der Stadtteil, in dem du lebst, früher ausgesehen hat. Vergleiche, was sich verändert hat. Mit den Fotos kannst du auch eine Ausstellung machen.

☞ Vielleicht findest du einen alten Stadtplan. Vergleiche ihn mit einem Stadtplan heute. Wo gab es früher Grünflächen und Natur, die es heute nicht mehr gibt?

## Um 1915

## Um 1965

## Um 2015

# Aus Korn wird Brot

Wie entsteht aus der Natur ein Nahrungsmittel? Das wichtigste Nahrungsmittel bei uns ist Brot. Schon im alten Israel war es das wichtigste Nahrungsmittel, wie das Vaterunser zeigt. Doch wie entsteht Brot?

☞ Hier sind neun Schritte, die diesen Weg und alte Methoden zeigen, um Brot herzustellen. Ordne die folgenden Überschriften den Bildern zu:

| Pflügen | Säen | Wachsen |
|---|---|---|
| Mit Sicheln oder Sensen Ähren abschneiden | Dreschen = mit etwas Schwerem Ähren und Körner trennen | Worfeln = Spreu von Körnern durch Hochwerfen trennen |
| Mehl mahlen | Teig kneten | Brot backen |

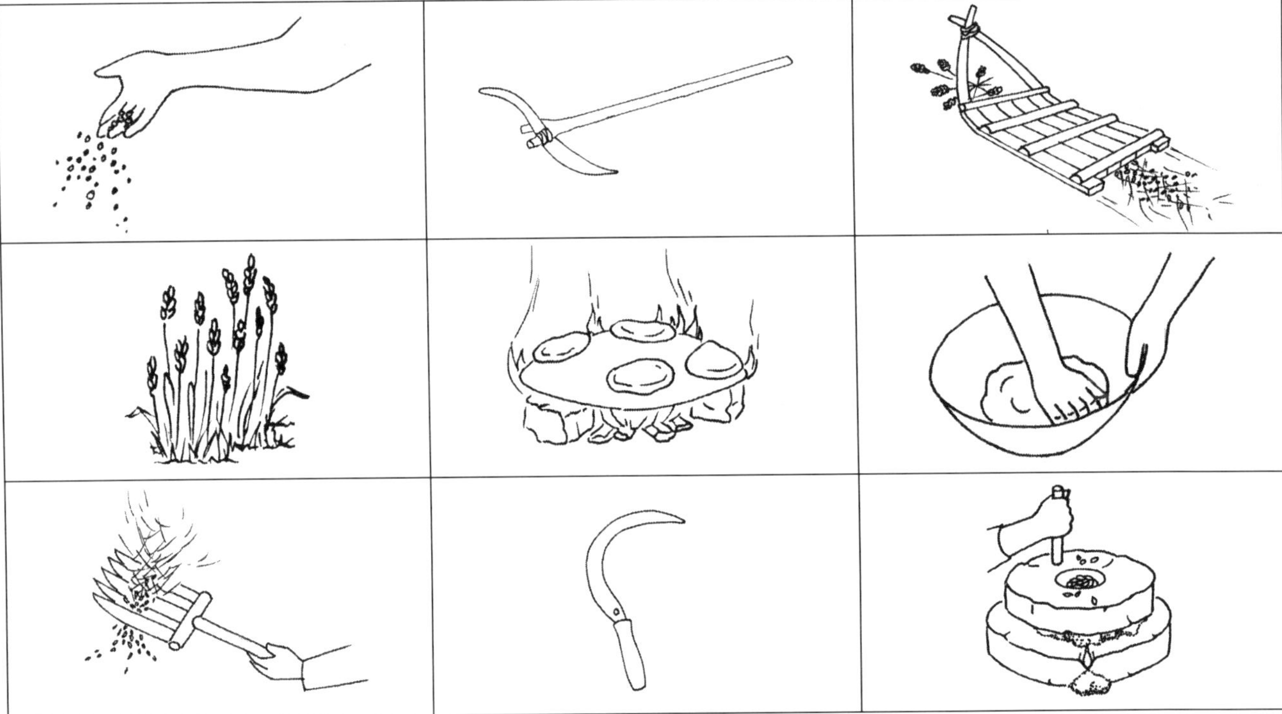

☞ Heute arbeitet man mit einem Mähdrescher. Finde heraus, welche der Schritte oben von ihm gemacht werden.

☞ Im Vaterunser heißt es: „Unser tägliches Brot gib uns heute“. Damit ist alles gemeint, was wir zum Leben brauchen. Was wäre das für dich?

# Natur gestalten

Mit Gegenständen aus der Natur kann man auf vielfältige Weise kreativ gestalten:

**Fund-Stücke:** Spaziert durch die Natur - über Felder, durch einen Park oder einen Wald und sammelt, was ihr findet: Blätter - Kleine Zweige - Federn - Gräser - Sand - Rinde - Wurzeln - Nüsse - Früchte. Dies könnt ihr als Bodenbild gestalten.

**Natur-Schätze:** Jeder darf seinen Schatz, der aus der Natur stammt, in ein Bodenbild legen. Dies kann ein Mineral, ein Fossil, eine Muschel, ein schön geformtes Stück Holz oder anderes sein.

**Steinbilder:** Mit gefundenen Steinen kann man schöne Bodenbilder gestalten - beispielsweise einen Weg, eine Spirale oder ein Labyrinth, in dem man gehen kann.

**Körnerbilder:** Da Körner unterschiedliche Formen und Farben haben (Weizen, Gerste, Mais ...), kann man sie auf ein härteres Stück Papier kleben und daraus ein Bild gestalten.

**Entwicklungsbild:** Mit Halmen, Spreu und Körnern, Mehl und Brot kann man ein Bild gestalten, das die Herstellung von Brot zeigt.

**Kürbismännchen:** Aus Zierkürbissen kann man mit Ästen oder Holzstäben, trockenen Gräsern, Blüten, Samen, Bastfäden, Holzstäbchen, Eicheln und Blättern kleine Natur-Männchen basteln.

**Fingerabdruckbilder:** Man kann Naturbilder mit Fingerabdrücken gestalten. So bekommt jedes Tier eine „besondere Note".

# Geschichten über den Anfang

Seit vielen tausend Jahren staunen Menschen über die Welt. Sie sehen ihre Ordnung und fragen: Wie ist das alles entstanden? Gibt es einen, der alles gemacht hat? Wenn ja - wie hat er es gemacht? Und welche Aufgabe haben wir Menschen in der Welt?
Die ersten Geschichten der Bibel geben Antwort auf diese Fragen. Sie kleiden ihre Antwort in das Wissen ihrer Zeit. Für die Erzähler damals hat Gott die Welt und alle Lebewesen aus einem Chaos geschaffen. Kein Zufall, sondern ein Plan steckt dahinter. In seinem Plan haben die Menschen die Aufgabe, sich um alles Lebendige zu kümmern. Aber damals wusste man auch: Die Welt ist heute nicht mehr so, wie Gott sie gemacht hat. Sie ist nicht mehr „in Ordnung".
So erzählte man sich Geschichten, um zu erklären, wie es dazu kam. Diese zeigen, dass die Menschen frei sind, auch schlimme Dinge zu tun. Dennoch hält Gott zu seiner Schöpfung.
Später sammelte man die Geschichten und stellte sie an den Anfang der Bibel. Die Fragen, die hinter den Geschichten stehen, findest du hier:

| | |
|---|---|
| **Gott macht den Anfang**<br>Wie ist die Welt entstanden?<br>Woher kommen Himmel und Erde, Wasser und Luft?<br>Warum gibt es so viele Lebewesen?<br>Welche Aufgabe haben wir Menschen?<br>Warum arbeiten wir am Ruhetag der Woche nicht? | |
| **Das Paradies**<br>Wenn Gott die Welt gut gemacht hat:<br>Warum leben wir nicht mehr in einem Paradies?<br>Warum müssen wir Menschen uns heute so abmühen?<br>Woher kommt das Böse in der Welt? | |
| **Kain und Abel**<br>Wenn Gott die Welt gut gemacht hat: Wieso gibt es Neid und Wut und wohin können diese Gefühle führen?<br>Steht Gott zu uns, auch wenn wir Schlimmes tun? | |
| **Noah und die Arche**<br>Wenn Gott die Welt gut gemacht hat:<br>Wie geht er damit um, dass Menschen schlimme Dinge tun?<br>Was hat Gott mit der Welt in Zukunft vor? | |
| **Turm zu Babel**<br>Wenn Gott die Welt gut gemacht hat:<br>Warum verstehen sich die Menschen heute nicht mehr?<br>Woher kommen die vielen Sprachen auf der Welt? | |

## Basiskarten: Geschichten vom Anfang

| | | | |
|---|---|---|---|
|  | Am Anfang trennt Gott Licht und Dunkel, Himmel und Erde. |  | Gott macht die Pflanzen, die Gestirne und die Zeiten. |
|  | Gott macht Tiere und Menschen und den Ruhetag. |  | Die Menschen leben im Garten Eden. |
| 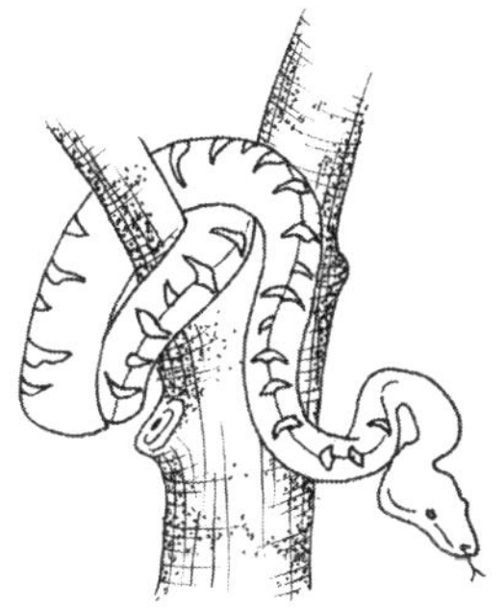 | Die Schlange überredet die Menschen, eine Frucht zu essen. Danach wissen sie, was Gut und Böse ist. |  | Die Menschen verlassen das Paradies und müssen hart arbeiten. |
|  | Noah soll eine Arche (Kasten) bauen und von allen Tieren ein Paar mit an Bord nehmen. | 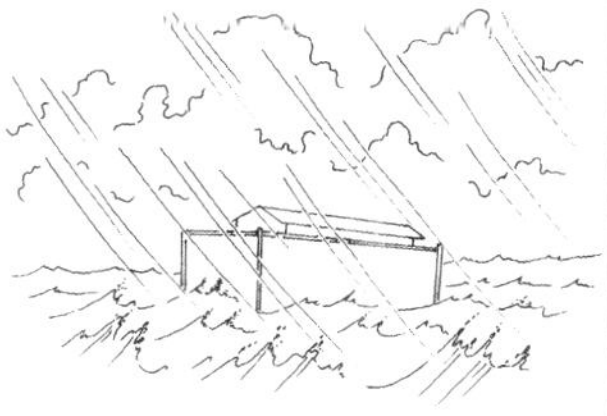 | Die Sintflut kommt. Die Menschen und Tiere auf der Arche überleben. |
| 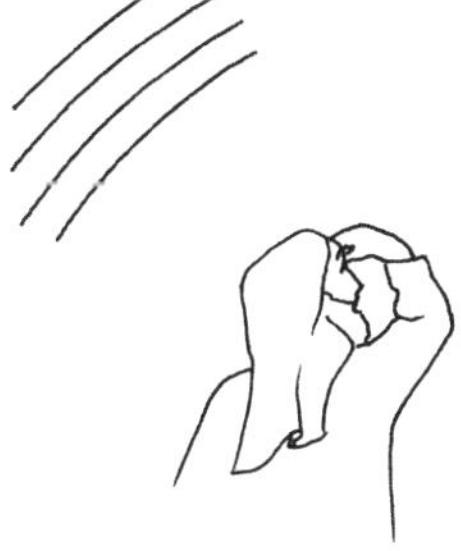 | Die Menschen und Tiere auf der Arche sind gerettet. Der Regenbogen ist Zeichen der Hoffnung. |  | Wegen dem Turm in Babel verstehen sich die Menschen nicht mehr. |

## Über den Anfang der Welt erzählen

Die Bibel erzählt vom Anfang der Welt. Die Geschichten wurden damals erzählt, um sich Fragen zu beantworten. So könnte es gewesen sein, als damals Eltern ihren Kindern die Geschichten vom Anfang erzählt haben:

Rahel lebt vor 2000 Jahren in Israel. Sie gehört zu einer Familie von Nomaden. Das sind Viehhirten, die mit ihren Schafen und Ziegen umherziehen und nach Futter für ihre Tiere suchen. Nomaden leben in Zelten.

Am Abend sitzt Rahel gerne vor dem Zelt und schaut sich die Natur an. Heute taucht die Abendsonne die nahen Berge in ein rötliches Licht. Sie sieht die Schafe und Ziegen friedlich auf ihrer Weide grasen. Über ihr fliegen Vögel der Abendsonne entgegen.

Rahel geht ein warmes Gefühl durch den Bauch. Sie denkt sich: „Wie sieht alles doch so wunderbar aus."
Ihre Mutter setzt sich neben sie. Auch sie genießt die schöne und friedlich wirkende Landschaft. Rahel fragt:
***„Wie ist die Welt so schön geworden?"***
Ihre Mutter nimmt sie in den Arm und sagt: „Gott hat das alles so gemacht. Alles hat seine Schönheit und Ordnung, so wie Gott es wollte."
„Erzähle mir mehr", sagt Lea. Und ihre Mutter erzählt ihr von der Schöpfung.

Rahel weiß nun, dass Gott die Welt gut geschaffen hat. Alles war am Anfang in Ordnung. Doch nun denkt sie darüber nach, dass vieles heute in Unordnung ist. Menschen tun sich Böses an und sie verstehen einander nicht. Sie fragt ihre Mutter:

***„Wie kommt es, dass die Welt heute nicht mehr so ist wie am Anfang?***

***Warum passieren schlimme Dinge, wenn Gott doch nur Gutes will?"***

Ihre Mutter nickt und schaut wieder in die Landschaft.

„Das sind gleich mehrere Geschichten, die darauf Antwort geben: Die Geschichte vom Paradies, von Kain und Abel, von der Arche Noah und vom Turmbau zu Babel."

Rahel schaut ihre Mutter interessiert an und bittet sie: „Erzähle mir mehr".

Und so erzählt die Mutter Rahel jeden Tag eine andere Geschichte. Sie sollen ihr erklären, warum heute alles nicht mehr so gut ist wie am Anfang der Welt.

# Gott macht den Anfang

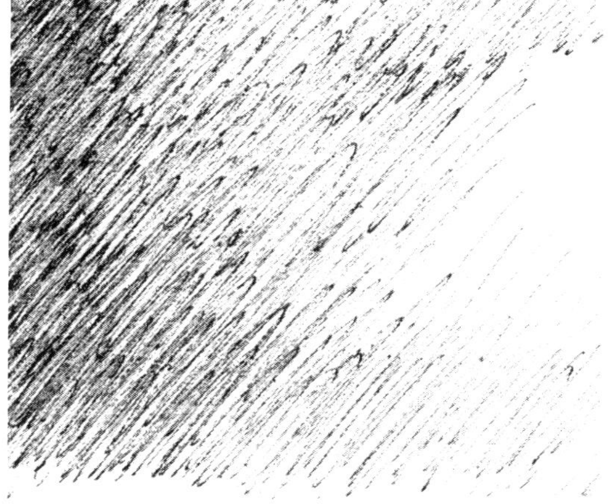

Die erste Geschichte der Bibel ist etwa 2500 Jahre alt. Sie erzählt von der Schöpfung. Schöpfung meint: Die Welt ist nicht zufällig entstanden, sondern Gott hat sie geschaffen. Und weil Gott alle Lebewesen gemacht hat, nennt man sie Geschöpfe.
Die Geschichte berichtet von sieben Tagen der Schöpfung. Mit Tagen meinte man damals eine Zeitspanne.

Tag 1
Am ersten Tag war ein großes
Durcheinander, ein Tohuwabohu.
Gott bringt Ordnung da hinein.
Er lässt Licht leuchten,
damit die Dunkelheit weicht.
So entstehen Tag und Nacht.
Und Gott sieht alles an
und sagt: „Es ist gut."

Tag 2
Am zweiten Tag sagt Gott:
„Oben soll der Himmel sein
und unten festes Land."
Wie ein Gewölbe spannt sich
der Himmel über die Erde.
Und Gott sieht alles an
und sagt: „Es ist gut."

Tag 3
Am dritten Tag entstehen die Pflanzen,
Sie wachsen auf dem Land und im Wasser.
Überall gibt es nun Gras und Bäume,
Blumen und Sträucher.
Und Gott sieht alles an
und sagt: „Es ist gut."

Tag 4
Am vierten Tag macht Gott
Sonne, Mond und Sterne.
Dadurch entstehen Tage,
Jahre und Jahreszeiten.
Und Gott sieht alles an
und sagt: „Es ist gut."

Tag 5
Am fünften Tag macht Gott
Tiere im Wasser und in der Luft.
Überall gibt es Vögel und Fische.
Und Gott sieht alles an
und sagt: „Es ist gut."

Tag 6
Am sechsten Tag macht Gott
alle Lebewesen auf dem Land.
Er schafft Tiere und Menschen.
Die Menschen macht er
als Mann und Frau.
Sie sollen ihm ähnlich sein.
Und Gott sagt: „Alles ist gut."
Zu den Menschen sagt er:
„Ich vertraue euch alles an.
Passt gut auf alle Tiere und
Pflanzen auf."

Tag 7
Am siebten Tag ruht Gott.
So schenkt er auch den Menschen
einen Tag zum Ruhen.

☞ Beschreibe, was auf einem Bild für den letzten Tag der Schöpfung zu sehen sein müsste.

# Schöpfung kreativ

Die Schöpfungsgeschichte ist wie ein Weg, den man gestalten kann. Stationen des Weges findest du hier. Notiere dir, wie du diese Stationen gestalten würdest: Welche Farben passen, welche Bilder oder Symbole? Du kannst dir auch für jede Station Geräusche oder ein Lied überlegen.

| | |
|---|---|
| Im Anfang schuf Gott Himmel und Erde. | |
| Doch alles war voller Wasser und ein Tohuwabohu, ein Durcheinander. | |
| Gott machte Licht in der Dunkelheit und trennte Tag und Nacht. (Tag 1) | |
| Gott machte ein Gewölbe, das Firmament, das er Himmel nannte. (Tag 2) | |
| Gott trennte das Wasser vom Land und ließ Pflanzen wachsen. (Tag 3) | |
| Sonne, Mond und Sterne sowie Tages- und Jahreszeiten entstanden. (Tag 4) | |
| Gott machte Wassertiere, die Fische sowie die Vögel. (Tag 5) | |
| Und dann schuf Gott alle Tiere auf dem Land … | |
| … und schließlich auch die Menschen als Mann und Frau. (Tag 6) | |
| Und Gott sah, dass alles gut war. | |
| Am Ende ruhte Gott und machte den Ruhetag für die Menschen. (Tag 7) | |

# Der Ruhetag

Sonntag ist bei uns Ruhetag. Bei Juden ist es der Schabbat (Freitagabend bis Samstagabend) und bei Muslimen ist es der Freitag. Warum es einen Ruhetag gibt? Dies begründen die drei Religionen damit, dass Gott den siebten Tag der Schöpfung ruhte und er diese Ruhe den Menschen geschenkt hat. Doch heute ist der Ruhetag in Gefahr. Deswegen gibt es Aufkleber wie diese:

☞ Was wäre, wenn es keinen Ruhetag gäbe?
Notiere dazu Gedanken oder gestalte Bilder.
Du kannst auch eine Geschichte erzählen, die beginnt:
„Ich wachte an einem Sonntag auf und der Ruhetag war abgeschafft …“

☞ Gestalte ein Bild, was für dich zu einem „idealen Sonntag“ gehört.

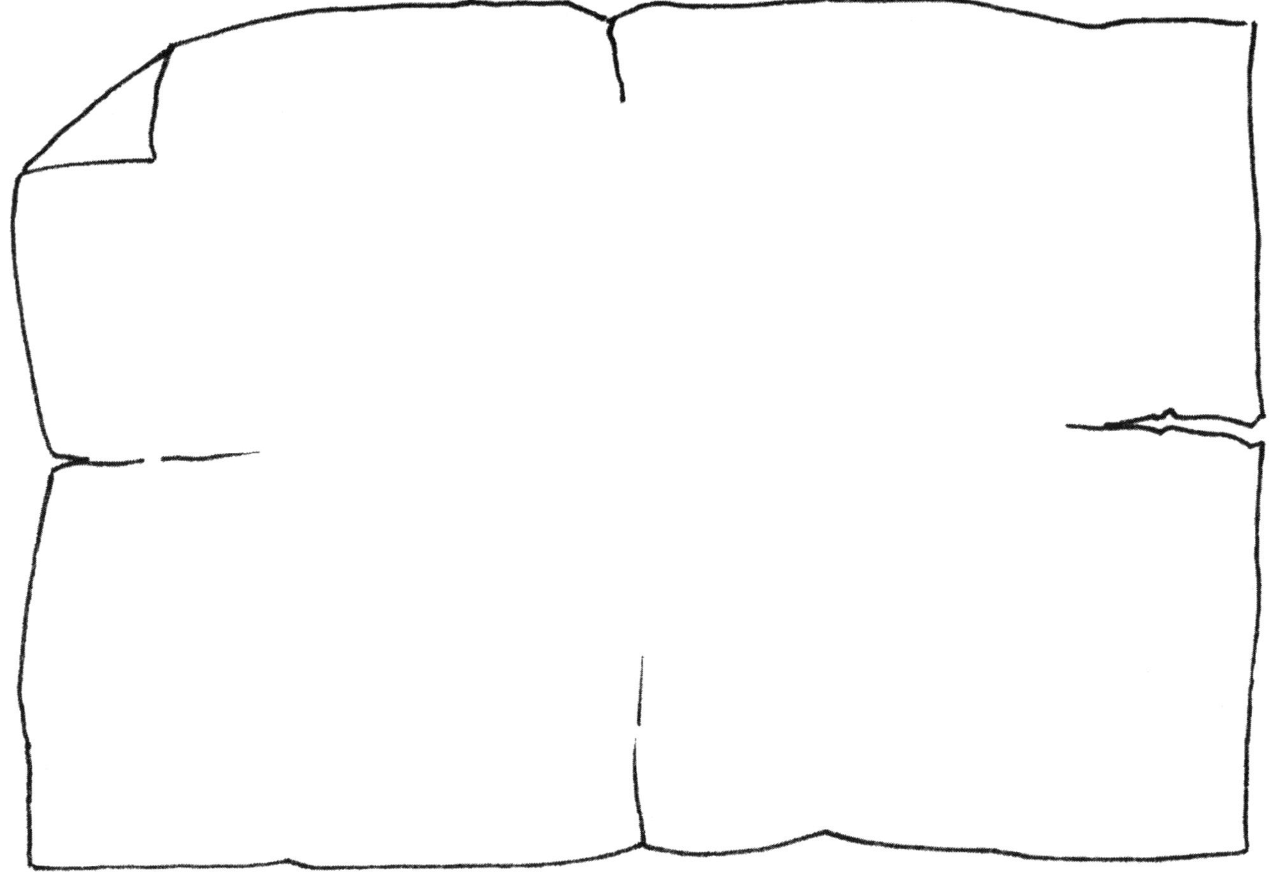

# Im Garten Eden

Diese Geschichte vom Anfang erzählten sich die Nomaden in Israel. Sie lebten vor über 3000 Jahren.

Am Anfang machte Gott den Menschen aus Erde. Er gab ihm Atem, damit er lebt. Doch Gott dachte: „Es ist nicht gut, wenn der Mensch alleine ist."
Daher schuf er die Menschen als Mann und Frau. Er nannte sie Adam, das bedeutet „Mensch", und Eva, das meint „Leben".
Gott setzte die Menschen in einen wunderbaren Garten, den Garten Eden. Sie sollten ihn bebauen und bewahren. Der Garten war für die Menschen und die Tiere wie ein Paradies.

Im Garten Eden lebten alle Lebewesen in Frieden zusammen und keiner hatte Sorgen.
Mitten im Garten stand ein Baum, der besondere Früchte trug. Dies war der Baum vom Wissen über Gut und Böse. Wer von seinen Früchten aß, wusste mehr über die Welt. Er wusste dann, was Gut und was Böse ist.
Gott aber wollte, dass keiner von diesem Baum isst.

- ☞ Was denkst du darüber, wie sich die Menschen damals die Entstehung des Menschen erklärt haben?
- ☞ „Bebauen und bewahren" – was könnte mit dem Auftrag gemeint sein?
- ☞ Führe den Gedanken zu Ende: Wenn man nicht weiß, was „Gut und Böse" ist, dann …
- ☞ Schreibe um das Bild herum, was für dich zu einer Welt gehört, in der es Frieden gibt und man keine Sorgen hat.

# Gott gab uns Atem

In der Geschichte vom Paradies wird erzählt, dass Gott dem Menschen den Atem schenkt. Dieser Gedanke hat Menschen immer schon fasziniert. So entstand vor 900 Jahren dieses Bild. Auch das Lied „Gott gab uns Atem", das im Evangelischen Gesangbuch steht, greift den Gedanken auf.

2. Gott gab uns Ohren, damit wir hören. / Er gab uns Worte, daß wir verstehn. / Gott will nicht diese Erde zerstören. / Er schuf sie gut, er schuf sie schön. / Gott will nicht diese Erde zerstören. / Er schuf sie gut, er schuf sie schön.

3. Gott gab uns Hände, damit wir handeln. / Er gab uns Füße, daß wir fest stehn. / Gott will mit uns die Erde verwandeln. / Wir können neu ins Leben gehn. / Gott will mit uns die Erde verwandeln. / Wir können neu ins Leben gehn.

T: ECKART BÜCKEN 1982
M: FRITZ BALTRUWEIT 1982

- Schätze, wie viel Luft der Mensch am Tag zum Atmen braucht. Man misst Luft in Litern. Die Antwort steht unten auf dem Kopf.
- Das Lied beschreibt viele Dinge, die der Mensch für das Leben geschenkt bekam. Gestalte ein Strichmännchen mit den beschriebenen Körperteilen. Schreibe daneben, was der Liedschreiber alles sagt.
- Das Bild oben ist rund 900 Jahre alt. Beschreibe, was es ausdrücken will.
- Warum ist der Atem wichtig? Was kann man am Atem eines Menschen alles erkennen?

Der Mensch braucht am Tag etwa 50 000 Liter Luft.

# Die Menschen verlassen den Garten Eden

In dem Garten Eden lebten die Menschen mit den Tieren friedlich zusammen. Doch der Schlange gefiel das nicht. Listig sagte sie zu den Menschen: „Gott will nicht, dass ihr von dem Baum esst, denn von seinen Früchten wird man klug. Er will nicht, dass ihr so klug werdet wie er."
So überredete sie die Menschen, eine Frucht vom Baum zu essen.
Die Menschen schauten sich an. Sie merkten, dass sie nackt waren. Sie schämten und versteckten sich.

Gott rief die Menschen und sagte:

„Warum habt ihr nicht auf mich gehört?"

Dann gab er ihnen Kleider und schickte sie aus dem Paradies, dem Garten Eden, fort.

Nun sahen die Menschen die Welt, wie sie wirklich ist. Sie sahen alles mit anderen Augen. Von nun an mussten sie für sich selbst sorgen. Und sie mussten hart arbeiten. Doch Gott war immer noch bei ihnen und passte auf sie auf.

☞ Beschreibe die Rolle der Schlange und nenne Eigenschaften, die einer Schlange zugeschrieben werden.

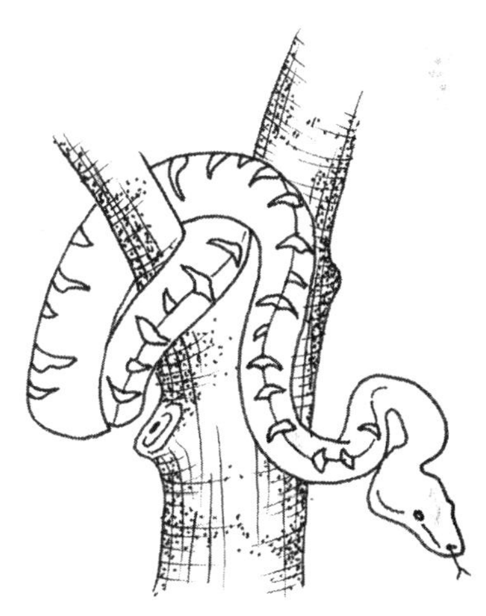

☞ Was ist mit den Menschen geschehen, als sie die Frucht gegessen hatten? Sind sie nun „klug" geworden?

☞ Was meint, dass die Menschen nun alles „mit anderen Augen sehen" und „für sich selbst sorgen" müssen?

## Das Paradies

„Das ist wie ein Paradies".
So sagt man, wenn man einen besonderen Ort sieht. Meist strahlt der Ort Schönheit und Friede aus.
Wenn wir von einem Paradies sprechen, dann erinnern wir uns an die Geschichte vom Garten Eden in der Bibel.
Der Garten wird beschrieben als Ort voller Wasser und Pflanzen. Dort leben Tiere und Menschen in Frieden zusammen. Gott sorgt für sie und gibt ihnen, was sie zum Leben brauchen.
Die Menschen, die diese Geschichte vor 3000 Jahren erzählten, lebten in einem heißen und wüsten Land. Sie waren Nomaden und mussten für ihre Tiere Nahrung und Wasser finden. Kein Wunder, dass sie sich als Paradies einen grünen Garten vorstellten.

Die Geschichte vom Paradies erzählt, dass die Menschen Gott nicht vertraut haben. Sie wollten unbedingt so klug werden wie er. So mussten sie das Paradies verlassen.

Manche Menschen sagen, tief in uns drin ist eine Sehnsucht nach dem verlorenen Paradies.

☞ Was meinst du: Gibt es so etwas wie eine Sehnsucht nach dem verlorenen Paradies in uns? Begründe deine Meinung.

☞ Beschreibe oder gestalte einen Ort, dem du den Namen „Paradies" geben würdest.

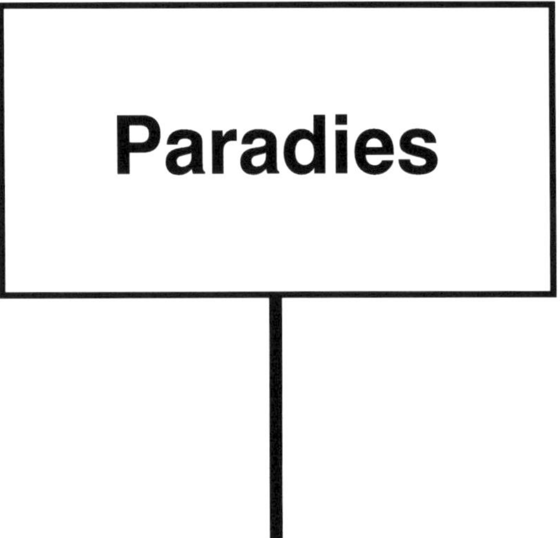

# Bilder von der Schöpfung

Seit mehr als 1000 Jahren machen sich Menschen Gedanken darüber, wie man die Schöpfung darstellen kann.

☞ Schau dir zuerst die Bilder ohne Erklärungen an, und beschreibe, was du darauf entdecken kannst.

☞ Vergleiche, wie sie die Schöpfung der Welt und besonders Gott darstellen.

☞ Zeige auf, welche der Bilder du für gut geeignet hältst, um die Schöpfung darzustellen?

**Erläuterung zu den Bildern**

Vor etwa 500 Jahren hat Martin Luther die Bibel in die deutsche Sprache übersetzt. Darin ist das **erste Bild** von Lukas Cranach zu finden. Es zeigt, wie man sich damals die Welt vorstellte: In der Mitte sieht man die ersten Menschen im Paradies. Außerhalb des Weltalls ist Gott zu sehen, als alter Mann mit Bart.

Seit etwa 100 Jahren kam man langsam von diesem Bild der Schöpfung ab. Man gestaltete Gott bei der Schöpfung mehr als ein Zeichen, ein Symbol. Die folgenden drei Bilder stammen aus alten Schulbibeln.

Das **zweite Bild** wurde von Paula Jordan gestaltet. Sie gestalteten Gottes Werk wie ein Licht, das auf die Erde und die Menschen fällt.

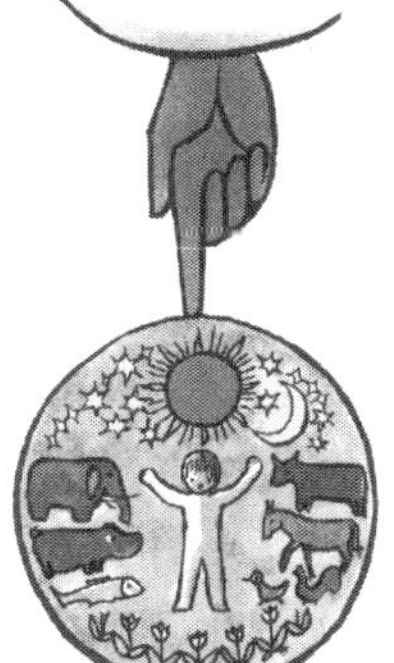

Ein **drittes Bild** stammt von Walter Habdank. Das Bild zeigt über der neu geschaffenen Welt ein Dreieck mit dem allsehenden Auge Gottes.

Ein **viertes Bild** stammt von Christian Rietschel. Aus dem Himmel kommt eine Hand, die die Welt in Gang setzt und alles macht.

Heute findet man in Kinderbibeln bei der Schöpfung kaum noch ein Bild, das Gott selbst oder ein Symbol zeigt, das auf ihn hinweist. Das **fünfte Bild** wurde von Rüdiger Pfeffer gestaltet.

# Bilder von der Schöpfung

# Kain und Abel

Die ersten Menschen hatten Kinder. Sie hießen Kain und Abel. Kain war ein Bauer und Abel war ein Hirte.

Kain und Abel brachten Gott ein Opfer. Gott nahm das Opfer von Abel an. Abels Tiere bekamen viele Junge.

Kains Felder hingegen wurden trocken. Da packte Kain die Wut. Wenn er seinen Bruder sah, konnte er ihn vor Wut nicht mehr ansehen.

Als sie sich wieder einmal begegneten, erschlug Kain seinen Bruder Abel.
Bald hörte Kain die Stimme Gottes: „Wo ist dein Bruder Abel?" Kain sagte: „Weiß ich doch nicht! Bin ich vielleicht sein Aufpasser?" Da sagte Gott:
„Du hast großes Unrecht getan. Zur Strafe wirst du dein Land verlieren. Du musst überall umherziehen und hast keine Heimat mehr. Doch ich werde bei dir sein und dich beschützen."

☞ Beschreibe, was die Bibel über Kains Wut erzählt.

☞ Kain darf weiterleben, aber er hat keine Heimat mehr. Warum kann dies sehr schlimm sein?

☞ Gott sagt am Ende der Geschichte, dass er bei Kain sein will und ihn schützt. Was ist das Besondere an diesem Versprechen?

> Man vermutet, dass hinter dem Streit von Kain und Abel mehr steckt. Damals gab es Ackerbauern und Nomaden, also Vichhirten, die umherzogen. Sie stritten sich um das Land. Weil das Vieh auch die Ernte der Bauern fraß, wurde der Streit immer heftiger.

# Kains Wut

Kain hat **Wut** auf seinen Bruder. Er kann ihn deshalb nicht mehr ..............................

☞ Gestalte den Blitz in Farben, die für dich **Wut** ausdrücken.

☞ Schreibe links vom Blitz: ***Was fühlt man in der Wut?***

☞ Schreibe rechts vom Blitz: ***Was hilft gegen Wut?***

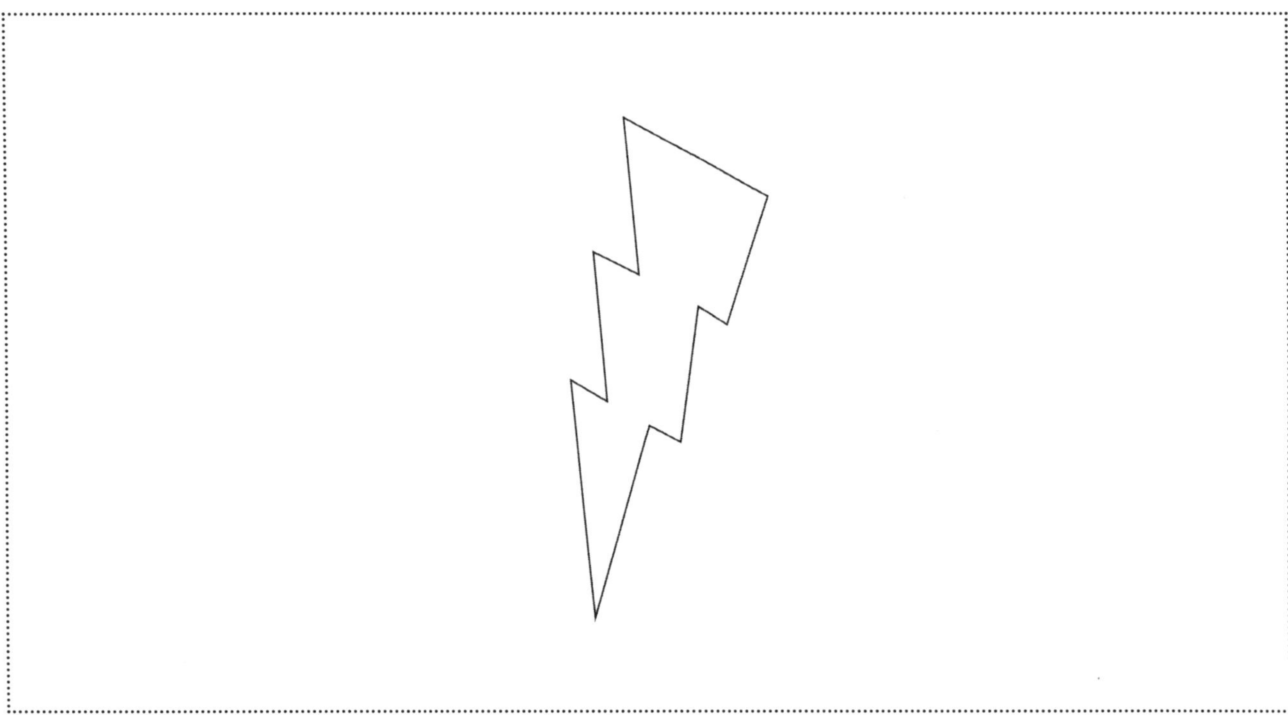

**Timo und seine Wut**

Manchmal bei einem Streit bekommt Timo einen roten Kopf. Wenn ihn jemand ärgert, dann könnte er platzen. Und manchmal kann ihn sogar keiner bremsen. So fragt er sich:

***„Was kann man gegen Wut tun?"***

Im Religionsunterricht hört er die Geschichte von Kain und Abel. Gespannt wartet er auf die Erzählung. Timo ist blass. Er weiß: wenn er richtig wütend ist, dann schaut auch er keinen an. Und dann nützt es nichts, wenn einer sagt, dass er ruhig werden soll. Das macht es nur noch schlimmer.

Ein Junge sagt: „Kain hätte wohl besser seinen Bruder angeschaut. Vielleicht wäre dann die Wut verflogen."

Auf dem Weg nach Hause denkt Timo darüber nach, was der Junge gesagt hat. Er fragt sich, ob das ein erster Schritt sein kann, damit seine Wut nicht so schlimm ist.

☞ Beschreibe das Problem von Timo.

☞ Was hat er in der Geschichte von Kain und Abel gemerkt?

☞ Was denkst du darüber, dass Gott Kain weiterhin beschützt? Diskutiere dies mit anderen.

# Noah und die Arche

Gott hatte alles gut gemacht. Aber die Menschen taten schlimme Dinge. Nur Noah war ein guter Mensch.
Gott sagte zu Noah: „Die Menschen sind böse zueinander. Sie sind ungerecht und fügen sich gegenseitig Leid zu. Darum schicke ich eine große Flut. Aber dich und deine Familie will ich verschonen. Baue einen großen Kasten. Dieser Kasten sollte Arche heißen. Nimm deine Familie und von allen Tieren ein Paar mit an Bord."
Da baute Noah die Arche, wie Gott es ihm aufgetragen hatte. Und er nahm von allen Tieren ein Paar mit an Bord.

- ☞ Die Menschen tun schlimme Dinge. Schreibe oder male in das gezackte Feld, was damit gemeint sein könnte.
- ☞ Was werden wohl andere Leute gedacht haben, als Noah mitten auf dem Land einen Kasten baute, der schwimmen kann?

## Die Sintflut

Dann fing es an zu regnen. Vierzig Tage und Nächte lang kam Wasser vom Himmel. Alle Brunnen, alle Flüsse und Seen liefen über. Das Wasser stieg immer höher. Bald war kein Land mehr zu sehen.

Tiere und Menschen konnten nirgends mehr stehen. Allein die Arche schwamm sicher auf den Wellen.

In ihrem Bauch waren Noah und seine Familie sowie alle Tiere, die er mit an Bord nahm.

☞ Es donnert und blitzt. Regen kommt in Strömen vom Himmel. Beschreibe die Gefühle, die dabei aufkommen können. Du kannst sie in die Wolken des Bildes schreiben.

☞ Überlege, wie es wohl Menschen und Tieren geht, die 40 Tage an Bord aushalten müssen?

# Der Regenbogen

Nach vielen Tagen ließ Noah Vögel fliegen. Sie sollten trockenes Land suchen. Eine Taube kam zurück, mit einem Zweig in ihrem Schnabel. Dies zeigte Noah, dass sie trockenes Land gefunden hat.
Alle freuten sich und jubelten: „Es gibt trockenes Land! Wir sind gerettet!"
Nun regnete es auch nicht mehr und das Wasser konnte ablaufen.

Die Arche landet auf einer Bergspitze. Noah öffnete die Arche. Alle Tiere und Menschen gingen hinaus. Sie dankten Gott, denn er hatte Mensch und Tier in der Arche gerettet. Über allen stand ein Regenbogen. Gott sagt: „Nie wieder will ich die Erde zerstören. Der Regenbogen am Himmel soll ein Zeichen für meine Freundschaft sein. Er soll euch an mein Versprechen erinnern."

☞ Das Zeichen für Gottes Versprechen ist der Regenbogen. Gestalte einen Regenbogen mit mindestens fünf Farben.

☞ Gott verspricht den Menschen, immer ihr Freund zu sein. Er geht mit ihnen einen „Bund" ein. Was kann das alles bedeuten?

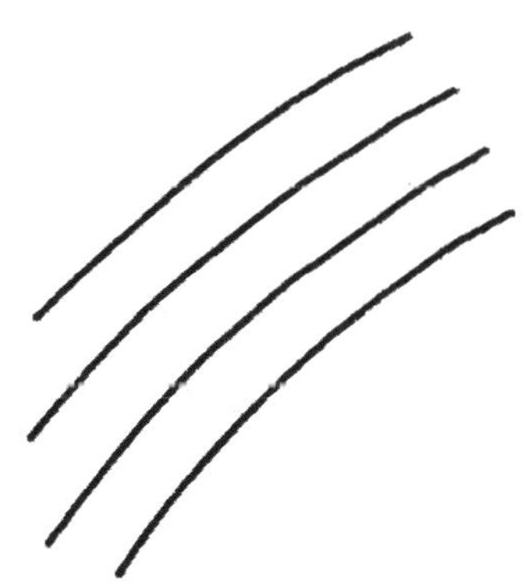

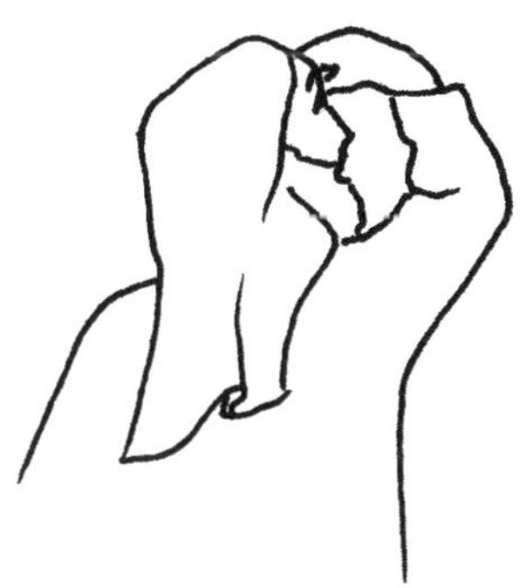

# Gottes Versprechen

In der Bibel steht am Ende der Geschichte von Noah ein Versprechen Gottes an die Menschen – hier umgesetzt als Lied.

☞ Gib in eigenen Worten wieder, was das Versprechen bedeutet.

☞ Überlege mit anderen, warum ein solches Versprechen notwendig ist.

**Solang die Erde steht** (⊙; Nr. 13)

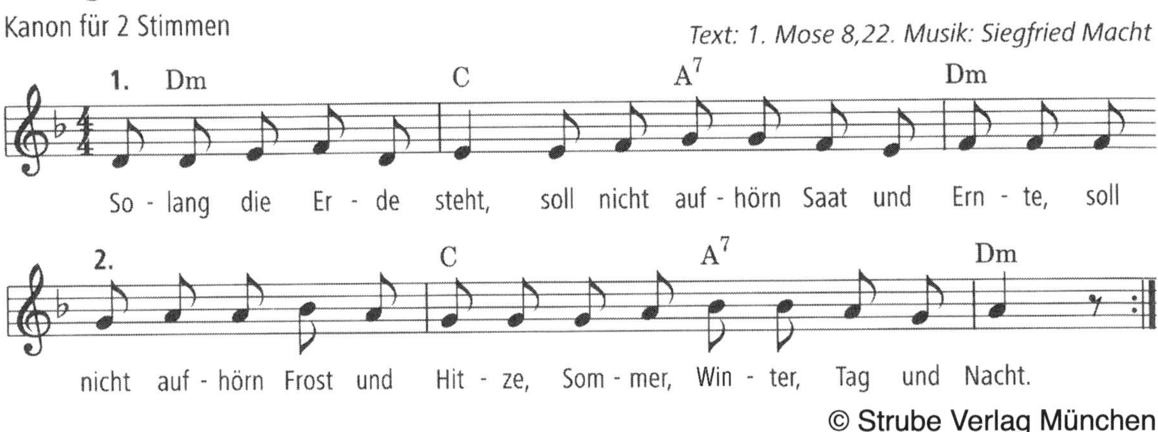




☞ Der Text war wohl auch ursprünglich ein Lied. Zu einem Lied braucht man eine Melodie. Denke dir mit anderen zusammen eine Melodie zu den Worten aus. Überlegt euch dazu noch Bewegungen oder Tanzschritte, die zu den Zeilen passen.

| Lied | Überlegungen |
|---|---|
| **Solange die Erde steht** | |
| **soll nicht aufhörn** | |
| **Saat und Ernte** | |
| **soll nicht aufhörn** | |
| **Frost und Hitze** | |
| **Sommer, Winter** | |
| **Tag und Nacht.** | |

# Arche Noah kreativ

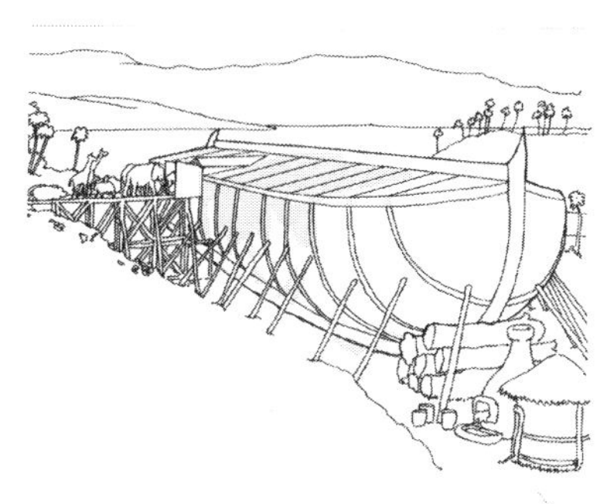

Die Geschichte von Noah und der Arche ist wie ein Weg, den man gestalten kann. Stationen des Weges findest du hier. Notiere dir, wie du diese Stationen gestalten würdest: Welche Farben passen, welche Bilder oder Symbole? Du kannst dir auch für jede Station Geräusche oder ein Lied überlegen.

| | |
|---|---|
| Überall tun Menschen schlimme Dinge. Aber Noah und seine Familie sind gute Menschen. | |
| Noah soll für Gott einen großen Kasten bauen. Andere lachen darüber. | |
| Dann holt Noah seine Familien und von jedem Tier ein Paar an Bord. | |
| Es regnet und alles versinkt im Wasser. Nur die Arche schwimmt. | |
| Viele Tage sind alle an Bord. Es ist eng und viele haben Angst. | |
| Noah lässt Vögel fliegen, die Land suchen sollen. | |
| Eine Taube kommt mit einem Zweig im Schnabel zurück. | |
| Endlich landet die Arche auf einem Berg und die Tür der Arche ist offen. | |
| Die Tiere können vor Bord. Alle freuen sich, dass sie leben. | |
| Noah feiert für Gott ein Fest. Der Regenbogen ist ein Zeichen der Hoffnung. | |

## Arche Noah – Bilder

Diese Bildergeschichte zeigt Bilder aus der Noah-Geschichte.

☞ Erzähle die Geschichte mithilfe der Bilder nach.

☞ Wenn du sie ausschneidest, kannst du sie mischen und neu zuordnen.

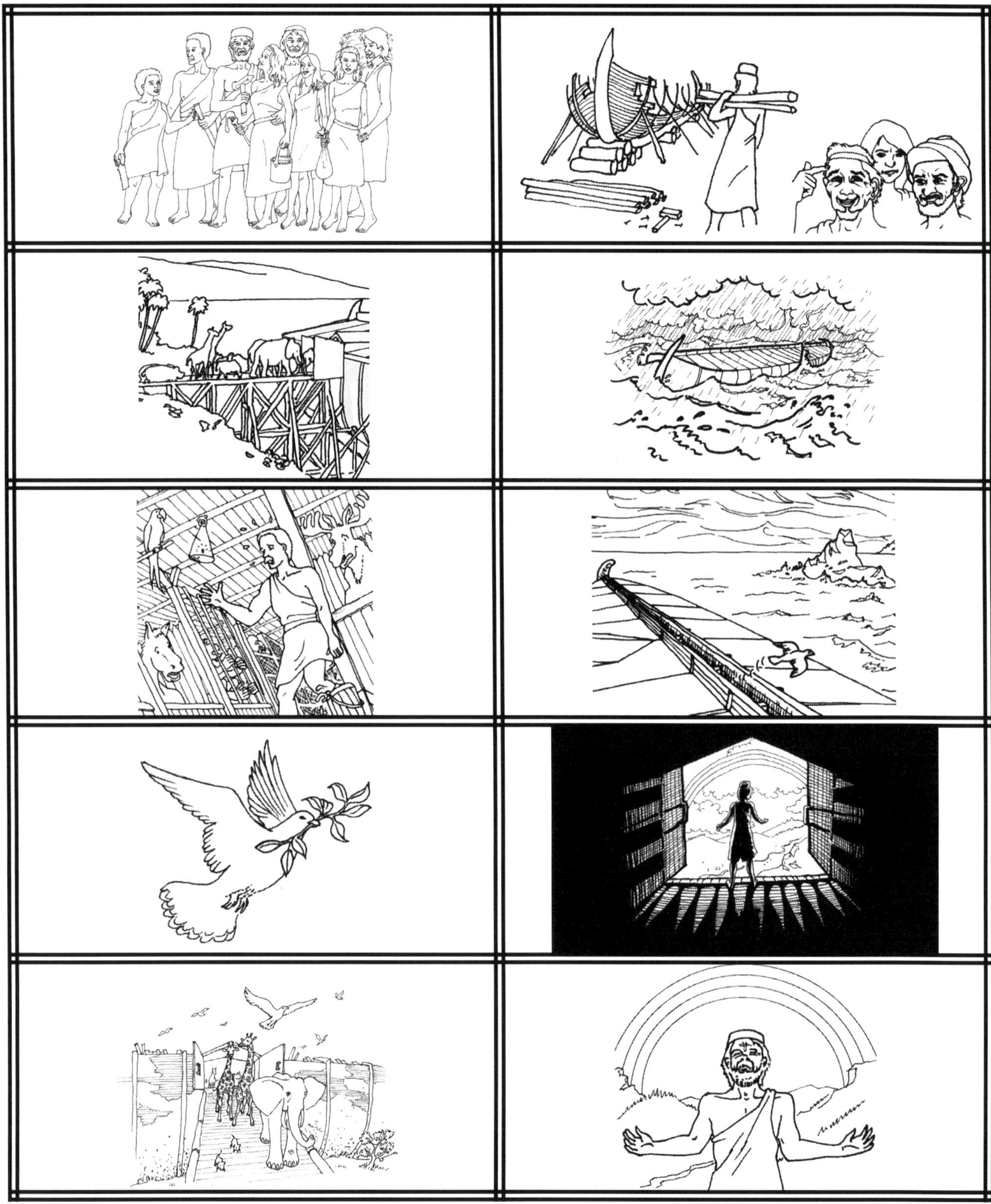

# Das Zeichen der Taube

Eine Taube kommt mit einem Zweig zurück. Diese Taube ist heute ein wichtiges Zeichen. Sie ist ein Symbol für Frieden, Gerechtigkeit und Bewahrung der Schöpfung. Viele Kirchen haben dieses Symbol übernommen. Sie sagen damit, dass Frieden, Gerechtigkeit und Bewahrung der Schöpfung wichtige Aufgaben der Kirchen sind.

- ☞ Beschreibe, was du alles in dem Symbol der Kirchen oben rechts erkennst. Was haben die Symbole mit den drei Aufgaben zu tun?
- ☞ Schreibe, was du unter diesen Worten verstehst, rund um die Taube und gestalte die Seite mit Farben, die du damit verbindest.
- ☞ Überlege mit anderen, warum wohl die Taube als Zeichen gewählt wurde.

**Gerechtigkeit** **Frieden**

**Bewahrung der Schöpfung**

# Der Turmbau zu Babel

Die Menschen redeten am Anfang noch in einer Sprache. Da bauten sie eine große Stadt und nannten sie Babel. Als sie fertig war, sagten sie stolz: „Wir sind die Größten! Lasst uns noch einen riesigen Turm bauen. Er soll so groß sein, dass er bis zum Himmel reicht."

Da gab Gott den Menschen verschiedene Sprachen. Alle redeten, aber sie verstanden sich nicht. Und weil keiner den anderen verstand, konnten sie den riesigen Turm nicht fertig bauen. Alle gingen auseinander und verteilen sich über die ganze Erde.

„Wir sind die Größten!"

- Schreibe in den Sprechkasten, was Menschen damit meinen, wenn sie so etwas sagen.
- Zähle die Sprachen auf, die du kennst.
- Wenn Menschen sich nicht mehr verstehen, dann bedeutet das …
- Schreibe die Geschichte als Wortbuchstabensalat. Der erste Satz der Geschichte könnte so aussehen:
  **„eiD Menensch tereden ma Afngan chon ni nerei pSarche. …"**

**Der echte Turm von Babel**

Mit Babel ist die riesige Stadt Babylon gemeint. Dort lebten Menschen aus vielen Ländern zusammen und viele Sprachen wurden gesprochen. Und es gab dort hohe Türme, zu Ehren der babylonischen Götter. Vermutlich dachten die Israeliten an diese Türme, als sie die Geschichte erzählten.

# Turm des Verstehens

Die Geschichte vom Turmbau zu Babel gab den Menschen damals eine Antwort auf die Frage, warum sich Menschen nicht verstehen.

☞ Die Menschen verstehen sich nicht – das kann vieles meinen.
Gestalte mit dem, was du dazu denkst, einen Turm.

☞ Was kann dazu führen, dass sich Menschen wieder verstehen?
Gestalte einen **Turm des Verstehens**.

☞ Idee: Du kannst einen Turm des Nicht-Verstehens und einen Turm des Verstehens auch aus Kartons (zum Beispiel Schuhkartons) bauen.
Auf die eine Seite des Kartons kannst du schreiben, was zum Nicht-Verstehen führt und auf die andere Seite, was zum Verstehen führt.

# Viele Sprachen

Heute gibt es rund 8000 richtige Sprachen, ohne Dialekte. Wenn man Menschen von anderswo begegnet oder irgendwo in Urlaub ist, sollte man ein paar Worte kennen. Die wichtigsten Worte für eine Begegnung sind, wie man sich grüßt und wie man sich bedankt.

| Sprache | Gruß (Guten Tag, Hallo) | Danke |
|---|---|---|
| **Arabisch** | Salam aleikum | Schukran |
| **Chinesisch** | Ni hao (Wen hao) | Xiexie |
| **Dänisch** | Goddag | Tak |
| **Englisch** | Hello; How are you? (Wie geht´s?) | Thank you |
| **Finnisch** | Hyvää päivaa | Kiitos |
| **Französisch** | Salut (Salü); Bonjour | Merci |
| **Griechisch** | Kalimera | Efcharisto |
| **Hindi (Indien)** | Namaste | Dhanyavad |
| **Hebräisch** | Schalom | Toda |
| **Indonesisch** | Selamat siang | Terima kasih |
| **Italienisch** | Buon giorno; Saluto; Salve | Grazie |
| **Japanisch** | Konnichiwa | Arigato |
| **Koreanisch** | Annyeong haseyo | Hvala; Mersi |
| **Kroatisch** | Dobar dan | Kam sah hamnida |
| **Niederländisch** | Goededag | Dank je wel |
| **Polnisch** | Dzien dobry | Dziekuje |
| **Portugiesisch** | Bom dia | Obrigado |
| **Russisch** | Dobri dien; Sdrawstwujtje | Spasibo |
| **Serbisch** | Dobar dan | Hvala |
| **Spanisch** | Buenos dias; Saludo | Gracias |
| **Türkisch** | Selam; Merhaba | Tschok teschekkürler |
| | | |

- ☞ Sprich die Gruß- und Dankworte aus.
- ☞ Wenn unter den Menschen, die du kennst, jemand ist, der andere Sprachen spricht, frage nach, wie man grüßt und dankt und trage die Worte in die leere Spalte ein.
- ☞ In Regionen, wo Dialekt gesprochen wird, wird anders gegrüßt. Ergänze

| | | | |
|---|---|---|---|
| **Bayerisch** | Grüß Gott | **Österreichisch** | Grias di |
| **Schweizerisch** | Grüezi; Grüeziwohl | **Friesisch** | Moin, Moin |
| | | | |

# Was ist der Mensch – Psalm 8

In der Bibel gibt es ein Buch voller Lieder und Gebete - das Buch der „Psalmen". Der achte Psalm denkt besonders über den Menschen nach:

Herr, unser Herrscher,
wie herrlich bist du.
Ich staune über den Himmel,
den deine Finger gemacht haben,
über den Mond und die Sterne.
Was ist schon ein Mensch,
dass du an ihn denkst
und dich um ihn kümmerst?
Es fehlt nicht viel und
die Menschen wären wie du, Gott.

Würde und Macht hast du ihnen
gegeben.
Du hast den Menschen alles anvertraut.
Sie sollen aufpassen auf
alle Tiere auf dem Feld und im Wald,
auf die Vögel unter dem Himmel und
auf die Fische im Wasser.

Herr, unser Herrscher,
wie herrlich bist du.

☞ Beschreibe, WIE der Psalm spricht.

☞ Im Psalm wird darüber gesprochen, dass der Mensch besondere Aufgaben hat. Welche sind dies?

☞ Der Psalm dankt dafür, wie Gott den Menschen geschaffen hat.
Welche Eigenschaften hat er? Schreibe dies um das Strichmännchen herum.

# Ich will dem Herrn singen – Psalm 104

In der Bibel gibt es ein Buch voller Lieder und Gebete - das Buch der „Psalmen".
Der Psalm 104 lobt Gott für seine Schöpfung:

Lobe den Herrn, meine Seele!
Herr, mein Gott, du bist sehr herrlich.
Du breitest den Himmel aus wie einen Teppich.
Du lässt Wasser aus der Erde sprudeln,
damit alle Tiere ihren Durst löschen können.
Du lässt Gras wachsen für das Vieh.
Aus der Saat der Menschen lässt du
Brot aus der Erde hervorkommen.
Herr, wie sind deine Werke so groß und viel!
Du hast sie alles weise geordnet.
Alle deine Geschöpfe warten darauf,
dass du ihnen Nahrung gibst zur richtigen Zeit.
Die Herrlichkeit des Herrn bleibe ewiglich,
der Herr freue sich seiner Werke!
Ich will dem Herrn singen mein Leben lang
und meinen Gott loben, solange ich bin.
Lobe den Herrn, meine Seele!
Halleluja!

- Der Psalm umschreibt mit schönen Worten Gottes Schöpfung. Welche Sätze gefallen dir besonders gut?
- Gestalte einen Rahmen um den Psalm, der zu ihm passt.
- Der Kanon rechts nimmt einen Gedanken aus dem Psalm auf. Singt ihn miteinander.
- Überlege mit anderen, welche Gründe es geben kann, dass ein Mensch so einen Psalm schreibt.
- Du kannst selbst einen Dank- oder Lob-Psalm schreiben. In ihm sollte zum Ausdruck kommen, wofür du dankbar bist.

# Schöpfungserzählungen der Welt

Schon lange Zeit gehen Menschen der Frage nach: „Wie ist die Welt entstanden?" Rund um die Welt gibt es Erzählungen, die eine Antwort auf diese Frage geben. Wenn du solche Erzählungen liest, kannst du dich fragen:

- ☞ Wie stellten sich die Menschen vor, dass die Welt entstand?
- ☞ Spielen Gott oder Götter eine Rolle?
- ☞ Wo gibt es Gemeinsamkeiten und Unterschiede zu den Erzählungen der Bibel?
- ☞ Worum geht es den Erzählerinnen und Erzählern?

Folgende Bilder zeigen etwas aus den Schöpfungsgeschichten.

- ☞ Ordne die Bilder den Erzählungen zu und beschreibe, was es über das Bild zu sagen gibt.

## Schöpfungserzählung aus dem alten Babylon

Am Anfang war nur Wasser. Es gab das Süßwassermeer Apsu und das Salzwassermeer Tiamat. Apsu war der erste Gott und Tiamat seine Frau. Ihre Kinder waren die Götter. Diese erhoben sich gegen ihre Eltern. Apsu wollte sie deswegen töten. Doch Tiamat verhinderte dies. Ea, der Gott der Weisheit und des Süßwassers, tötete Apsu. Aus dem Körper seines Vaters baute sich Ea einen Palast. Mit seiner Frau Damkina, der Herrin der Berge, bekam er einen Sohn: Marduk, den Gott der Winde. Tiamat heiratete wieder – den Gott Kingu. Um sich an ihren Kindern zu rächen, schuf sie Dämonen und erschien als riesige Giftschlange, als Skorpion oder als Ungeheuer. Die jungen Götter hatten Angst und wählten Marduk als Anführer im Kampf gegen Tiamat.

Marduk befahl den vier Winden, Tiamat in einem Netz zu fangen und fesselte sie mit einem Orkan. So besiegte er seine Großmutter und tötete sie. Die Götter wählten daraufhin Marduk zu ihrem König. Aus dem Körper der Tiamat macht er den Himmel und die Erde. Er schuf die Flüsse Euphrat und Tigris und den Rest der Welt. Marduk setzte die Sterne an den Himmel und schaut alles an. Alle Götter erkannten Marduk als König an.

Marduks Vater Ea machte die Menschen. Sie sollten den Göttern dienen, damit die Götter Ruhe haben. 600 Götter lebten im Himmel und in der Unterwelt. Schließlich wurde die Stadt Babylon gebaut, damit Marduk verehrt werde. Alle, die den Gott verehren, sollen seinen Segen bekommen.

## Schöpfungserzählung der Irokesen-Indianer in Nordamerika

Einst lebten die Menschen im Himmel bei dem Himmelsherrscher. Die Erde war noch vom Wasser bedeckt. Über ihm stand noch keine Sonne. Der Himmelsherr hatte vor seinem Haus einen Baum, der Licht spendete. Der Himmelsherr hatte Träume, die ihm sagten, er solle eine Menschenfrau heiraten. Dies tat er und die Frau wurde schwanger von seinem Atem. Aber der Himmelsherr wusste nicht, warum die Frau ein Kind bekam. Aus Eifersucht riss er den Baum heraus und so entstand ein Loch. Er warf die Frau durch das Loch, sodass sie zur Erde stürzte.

Doch auf dem Wasser lebten Wasservögel. Sie sahen die fallende Frau, fingen sie auf und brachten sie zum Wasser. Da kam eine große Schildkröte und die Frau setzte sich auf sie. Andere Meerestiere sammelten unter Wasser Schlamm, Erde und Steine und schufen so das erste Land. Die Frau dankte den Tieren, warf ein wenig Erde in die Luft, die sich durch die Kraft, die in den Fingern der Himmelsfrau steckte, vermehrte. So entstanden das Land, die Pflanzen und die Tiere, die darauf lebten. Und die Himmelsfrau wurde die große Erdenmutter, die alle verehren.

## Eine Schöpfungserzählung aus Afrika

Am Anfang der Welt gab es nur die Göttermutter. Sie lebte im Himmel und gebar dort zwei Söhne. Ebenso entstanden die Menschen, die Tiere und die Geister. Alle, die Menschen und die Götter, vermehrten sich - so lange, bis es im Himmel zu eng wurde. Da machte ein Gott die Erde.

Er schickte seine Frau hinunter, die die Erde fortan regieren sollte. Danach formte der Bruder des Gottes eine lange Kette, an der die Menschen und alle Tiere auf die Erde hinunter klettern konnten: erst einen Mann, dann eine Frau, und so machte er es mit jedem Menschenvolk, das er im Himmel hatte.

## Schöpfungserzählung aus dem alten Griechenland

Am Anfang der Welt gab es schon die Elemente Erde, Wasser, Feuer und Luft. Aber alles war noch ein Chaos. Da entstanden die ersten Götter: die Erdgöttin Gaia, die Nachtgöttin Nyx, der Gott der Finsternis Erebos und die Liebesgöttin Eros. Nyx und Erebos verbanden sich und so entstand der Tag. Gaja machte das Meer, die Berge, die Unterwelt und den Himmel, der Gott Uranos genannt wurde. Uranos schuf Sonne, Mond und viele Götter. Doch er wollte nichts von seiner Herrschaft abgeben. Gegen ihn erhob sich einer seiner Söhne, der Titan Kronos. Mithilfe der Göttin Gaia stürzt er Uranos vom Thron. Uranos sagte Kronos voraus, dass auch er von einem Sohn gestürzt würde. Daher verschlang Kronos seine Kinder gleich nach der Geburt. Doch seine Frau Rhea wollte kein Kind mehr verlieren. So ließ sie ihren Sohn Zeus auf der Insel Kreta verstecken. Als Zeus erwachsen war, flößte er seinem Vater einen Zaubertrank ein.

Daraufhin erbrach er alle seine verschluckten Kinder. Mit seinen Geschwistern zog Zeus auf den Berg Olymp, wo alle Götter wohnen sollten. Zeus befreite auch die Zyklopen. Sie gaben Zeus einen Donnerkeil, mit dem er Blitze werfen konnte. Poseidon, dem Gott der Meere, gaben sie einen mächtigen Dreizack. Hades, der Gott der Unterwelt, erhielt eine Mütze, die ihn unsichtbar machte. Mit diesen Waffen konnten die drei Götter Kronos und die Titanen besiegen und setzten sie in der Unterwelt gefangen. Doch nun wollte Gaia Kronos rächen und machte Giganten, die gegen die Götter des Olymp kämpften sollten. Daraufhin schufen die Götter die Menschen, um die Giganten zu bekämpfen. Zeus zeugte mit einer Menschenfrau Herakles (Herkules), der schließlich die Giganten besiegte. Nun konnten die Götter in Ruhe regieren und die Menschen hatten die Aufgabe, ihnen zu opfern.

## Schöpfungserzählung der Muslime

Schon vor der Zeit gab es Gott. Da schuf Gott die Welt und den Himmel. Wenn er sagt: „Es werde", dann entsteht etwas, allein durch sein Wort. Er ließ den Tag anbrechen, und die Nacht, damit man ruht. Er machte die Sonne und den Mond, damit man etwas berechnen kann, sowie die Sterne, damit man den Weg findet. Er schuf alle Geschöpfe, die gehen, schwimmen, kriechen oder fliegen. Gott ließ Wasser auf die Erde fallen, damit alles wächst. Korn und die Dattelkerne ließ er keimen, Gras, Trauben, Olivenbäume, Palmen, Obstbäume ließ er wachsen. Dann befahl Gott seinen Engeln, auf die Welt zu gehen und sieben Hand voll Erde zu ihm zu bringen. Die Erde sollte unterschiedlich sein in Farbe und ihrer Art. Daraus formte er den Menschen und hauchte ihm Leben und Kraft hinein. Dieser wurde lebendig und Gott nannte ihn Adam. Gott setzte Adam in das Paradies. Aus ihm schuf er Eva, die erste Frau. Gott lehrte Adam alle Namen der anderen Geschöpfe. Im Paradies war ein Garten. Dort durften die Menschen alles essen, nur nicht die Früchte von einem Baum. Doch der Böse brachte die Menschen dazu, Gott nicht zu gehorchen. So aßen sie eine Frucht. Und weil die Menschen ungehorsam waren, vertrieb Gott sie aus dem Paradies und schickte sie auf die Erde.

Doch Gott ist barmherzig. Die Erde spendet Nahrung und Wohnraum. Sonne, Mond und Sterne geben Licht. Alles auf der Welt soll den Menschen dienen. Die Menschen aber sollen Gott dienen und seinem Willen gehorchen.

## Schöpfungserzählung aus China

Am Anfang gab etwas, aber es war nur ein Chaos, wie ein Nebel. Dies hatte die Gestalt von einem Ei. Das Ei spaltete sich. Das Leichte darin stieg auf und bildete das Helle und den Himmel, genannt Yin. Das Schwere sank hinunter und bildete das Dunkle, die Erde, genannt Yang. Zwischen Himmel und Erde wurde Pan Gu geboren, halb Gott und halb Mensch. Er wurde weise wie Himmel und Erde zusammen. Zwar waren Yin und Yang getrennt, doch zogen sich diese Kräfte an. So entstanden alle Lebewesen als ein weibliches Yin und ein männliches Yang. Nur wenn sie miteinander auskommen und sie sich ausgleichen, halten sie die Welt in Harmonie. Aus Yin und Yang entstand alles auf der Welt. Die vier Jahreszeiten und die fünf Elemente Wasser, Erde, Metalle, Feuer und Holz gingen aus ihnen hervor. Auch alle Lebewesen und die Menschen.

Pan Gu machte durch seinen Körper die gesamte Welt. Sein Atem wurde zum Wind, seine Stimme wurde zum Donner, seine Augen wurden zu Sonne und Mond, aus seinem Leib entstanden die vier Pole und die fünf Hauptgebirge, sein Blut wurde zu Flüssen, Zähne und Knochen wurden Metalle, sein Haar die Pflanzen, aus seinen Knochen wurden Perlen und aus seinem Speichel der Regen.

# Mit der Schöpfung sorgsam umgehen

Eines Tages entdeckst du bei einem Spaziergang einen wunderschönen Ort. Du siehst grüne Wiesen mit bunten Blumen. Da ist ein kleiner Tümpel, in dem Frösche und Fische leben. Du siehst Bäume. Darin leben Eichhörnchen und ein Vogel hat sein Nest gebaut. Du hörst das Zwitschern der gerade geschlüpften Küken.
„Das ist ab sofort mein Lieblingsplatz!", sagst du leise und gehst zurück nach Hause. Am Abend liegst du im Bett und denkst an deinen Lieblingsplatz. Du schließt die Augen und freust dich darauf, ihn wieder zu besuchen.
Am Tag darauf gehst du wieder an deinen Lieblingsplatz. Doch alles ist anders ...

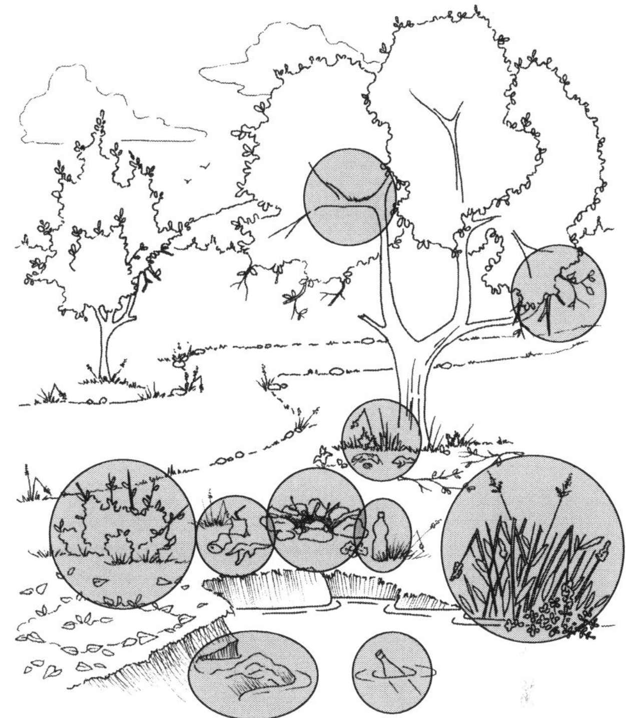

- ☞ Vergleiche die beiden Bilder, die das Vorher und das Nachher zeigen. Zeige auf, was sich verändert hat.
- ☞ Schau dir dann das Bild mit den Kindern an. Beschreibe, was sie tun.
- ☞ Erzähle eine Geschichte zu den drei Bildern.
- ☞ Schreibe ein Schild, das an dem Lieblingsplatz aufgestellt wird. Es enthält Hinweise, wie man sich hier verhalten soll.

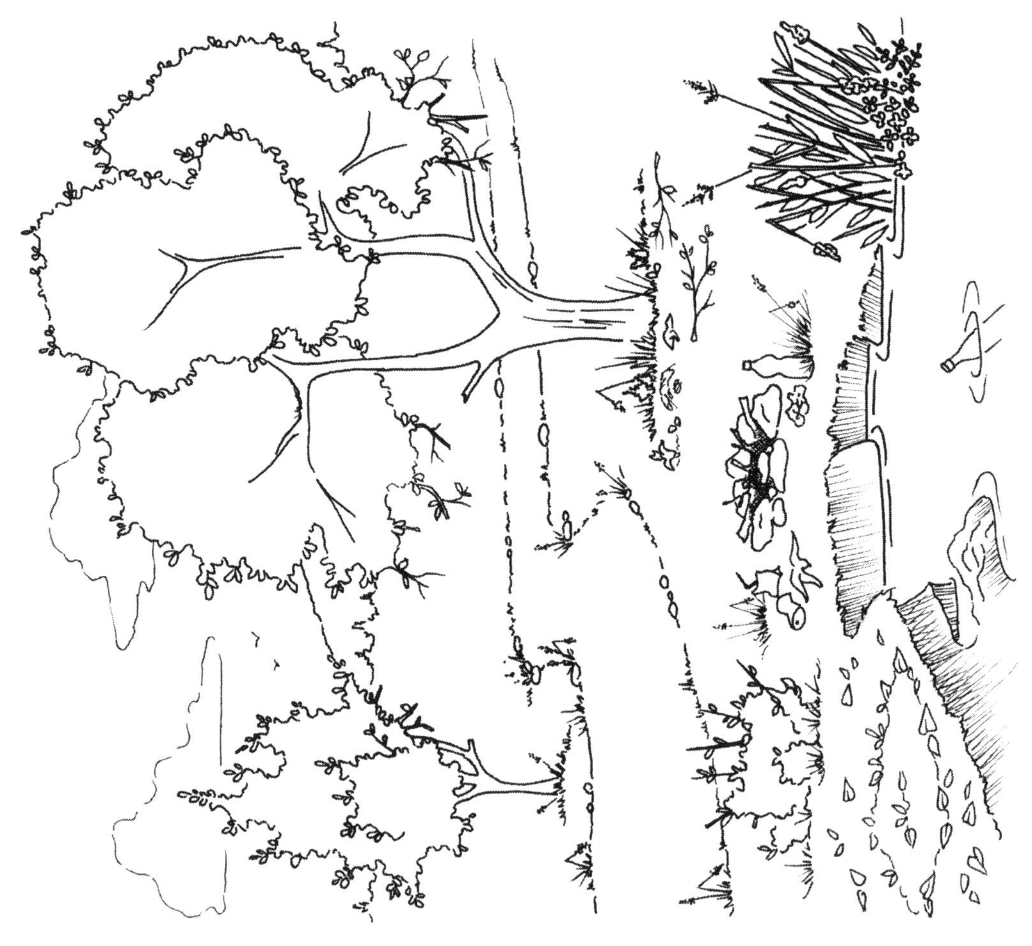

## Ein Brief der Natur

Lieber Mensch,

ich schaue mir nun seit langer Zeit an, was du so treibst. Wenn Pflanzen und Tiere so reden könnten wie du, hätten sie dir selbst schon vieles gesagt. Weil du aber nicht siehst, wie es der Natur und allen Lebewesen geht, wende ich mich jetzt an dich.

Meine Blumen werden zertreten, weil du nicht auf sie achtest. Meine Bäume werden gefällt, weil sie deinen Straßen im Wege stehen. Statt grüner Wiesen liebst du Plätze aus Beton.

Die Tiere des Wassers klagen, dass Flüsse und Meere mit Öl und Plastikmüll verschmutzt sind. Die Fische werden immer weniger, weil du zu viele von ihnen fischst. Die Vögel hören auf zu zwitschern, weil Abgase die Luft verpesten. Viele Tiere sind vom Aussterben bedroht, weil du ihnen keinen Lebensraum lässt.

☞ Schreibe den Brief zu Ende.

☞ Nenne Wünsche, die die Natur an uns richten könnte.

☞ Es gibt Menschen, die sagen: *„Wir haben die Erde nur von unseren Kindern geliehen."* Erläutere, was sie damit meinen könnten.

## Im Raumschiff

Du sitzt in einem Raumschiff. Viele Jahre haben Menschen davor gewarnt. Doch nun ist es so weit. Die Erde ist unbewohnbar. Schreibe in die drei Teile des Raumschiffs:

☞ Wie konnte es dazu kommen? (Düse unten)
☞ Was würdest du am meisten vermissen? (Mitte)
☞ Welche Hoffnung hast du? (Spitze)

# Die letzte Blume

- ☞ Der Künstler Vladimir Rencin hat schon vor über 30 Jahren dieses Bild gemacht. Was will er mit diesem Bild wohl ausdrücken?
- ☞ Ist das Bild heute noch aktuell? Begründe deine Meinung.
- ☞ Gestalte das Bild oben mit Farben, die zu dem Bild passen und mache dann ein Bild, das das Gegenteil von dem ausdrückt, was du oben siehst.

**Mein Gegenbild**

# Vorsicht Natur

Im Verkehr zeigen Vorschriftszeichen, wie man sich zu verhalten hat. Eines zeigt einen Frosch in der Mitte und bedeutet: „Vorsicht Frösche und Kröten!"
Es steht an Stellen, wo zu bestimmten Zeiten Frösche wandern und die Straße überqueren.
Inzwischen werden unter solche Straßen sogar kleine Tunnel gebaut, damit die Tiere darunter durchkommen.
Für große Tiere werden Grün- oder Wildbrücken gebaut. So können auch sie gefährliche Straßen überqueren.

☞ Schreibe oder gestalte in das Zeichen, worauf wir besonders Acht geben sollten.

# Bedrohte Schöpfung

Viele Pflanzen und Tiere, die es auf der Welt gab, sind ausgestorben. Manche Tiere wie die Dinosaurier überlebten eine große Katastrophe nicht. Andere Tiere wie die Mammuts oder der Auerochse starben wegen uns Menschen aus.

☞ Ordne die Namen den Tieren unten im Bild zu:

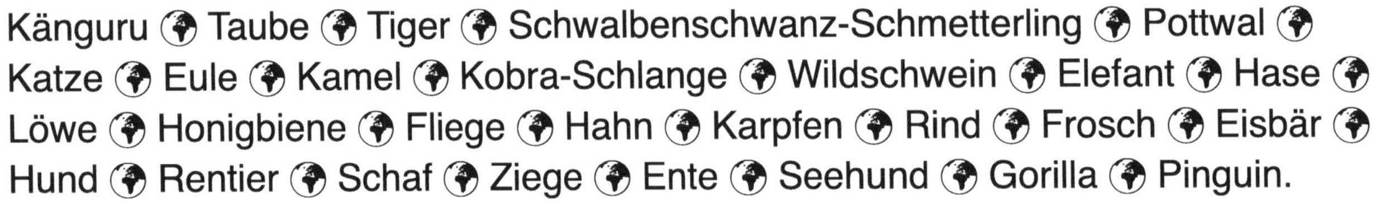

Känguru · Taube · Tiger · Schwalbenschwanz-Schmetterling · Pottwal · Katze · Eule · Kamel · Kobra-Schlange · Wildschwein · Elefant · Hase · Löwe · Honigbiene · Fliege · Hahn · Karpfen · Rind · Frosch · Eisbär · Hund · Rentier · Schaf · Ziege · Ente · Seehund · Gorilla · Pinguin.

☞ Welche dieser Tiere sind vom Aussterben bedroht, welche nicht?

## Bedrohte Schöpfung

Von den abgebildeten Tieren sind bedroht …

- O Blauwal
- O Eisbär
- O Elefant
- O Gorilla
- O Honigbiene
- O Schwalbenschwanz-Schmetterling
- O Tiger

Auch gefährdet sind:

- O Hering
- O Meeresschildkröte
- O Orang-Utan
- O Panda-Bär
- O Schimpanse
- O Seeadler

☞ Ihr könnt ein Plakat mit der Arche gestalten, auf dem die gefährdeten Tierarten zu finden sind.

☞ Recherchiert zu bedrohten Tierarten im Internet. Sie finden sich auf einer sogenannten „Roten Liste“.

☞ Der World Wildlife Found (www.wwf.de). kümmert sich um bedrohte Tier- und Pflanzenarten. Schau im Internet nach, was gerade aktuell getan wird.

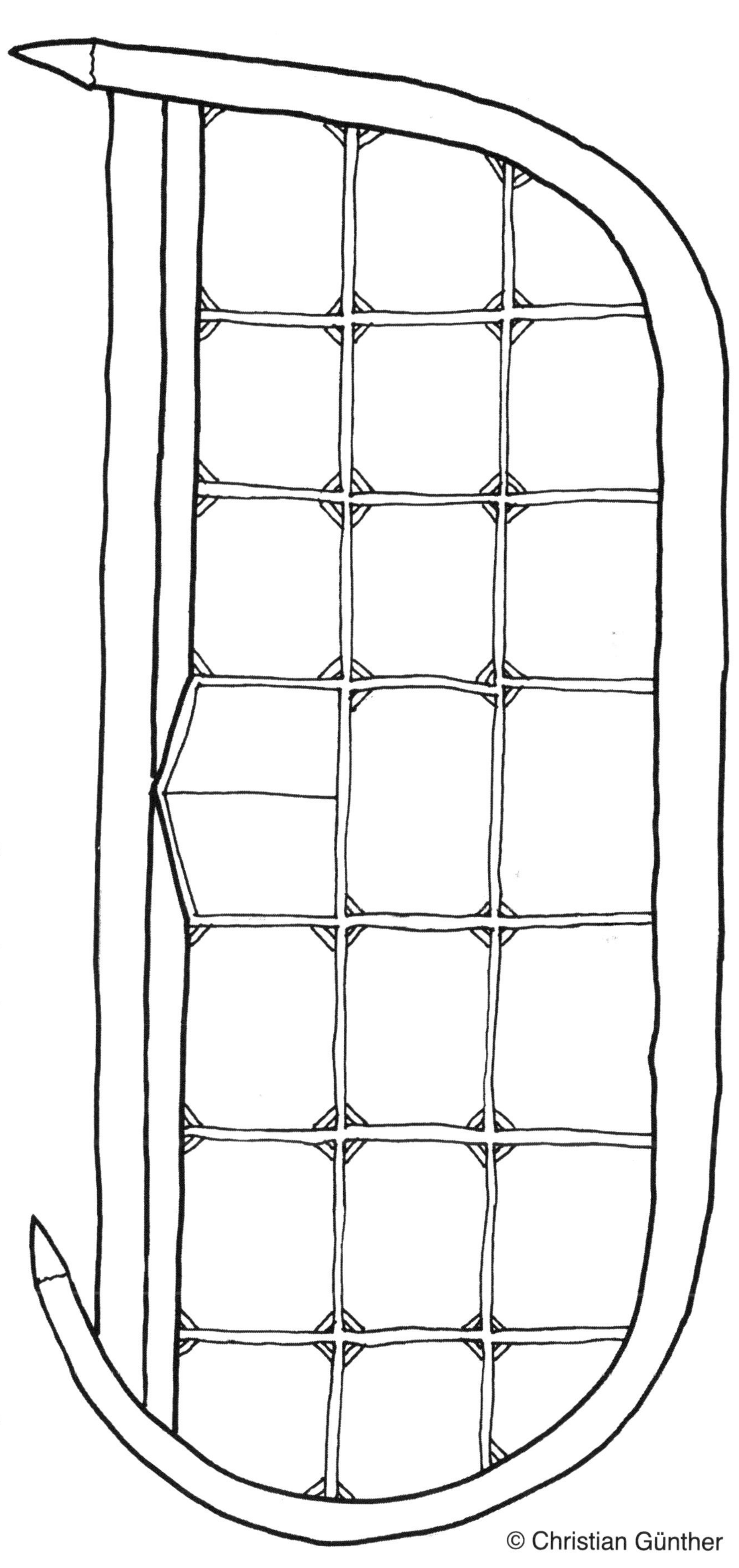

# Umwelt schützen

☞ Wenn etwas die Umwelt weniger belastet, kann es mit dem „Blauen Engel“ ausgezeichnet werden. Suche in deinem Umfeld, wo du dieses Zeichen findest.

☞ Was denkst du, warum man ausgerechnet einen Engel als Zeichen gewählt hat?

☞ Oft sind es kleine Dinge, die helfen, die Umwelt zu schützen. Was gehört zusammen? Ordne die richtigen Paare zu, indem du die passende Zahl vor das „statt“ schreibst.

| | | | |
|---|---|---|---|
| 1 | Holzstifte | | statt das Heft halb leer lassen |
| 2 | Obst und Gemüse | | statt alles in eine Mülltonne |
| 3 | Zu Fuß, per Fahrrad oder mit der Bahn | | statt Plastikbeutel |
| 4 | Draußen spielen | | statt immer brennen lassen |
| 5 | Abfälle sortieren | | statt rasen |
| 6 | Heft voll schreiben | | statt mit dem Auto |
| 7 | Stofftasche und Korb | | statt Fernsehen |
| 8 | Duschen | | statt Filsstifte |
| 9 | Licht ausmachen | | statt baden |
| 10 | Mit dem Auto langsam fahren | | statt Fast-Food |

☞ Was ist mehr, was weniger wichtig? Nummeriere folgende Gegenstände nach Wichtigkeit.

| | | | |
|---|---|---|---|
| | Kühlschrank | | Handy |
| | Fernsehapparat | | Lampe |
| | Computer | | Waschmaschine |
| | Elektroherd | | Spülmaschine |
| | Fön | | Heizlüfter |
| | Elektrozahnbürste | | Spielekonsole |

☞ Was kann mit „schmutziger“ und „saubererer“ Energie gemeint sein? Erläutere dies an den Beispielen.

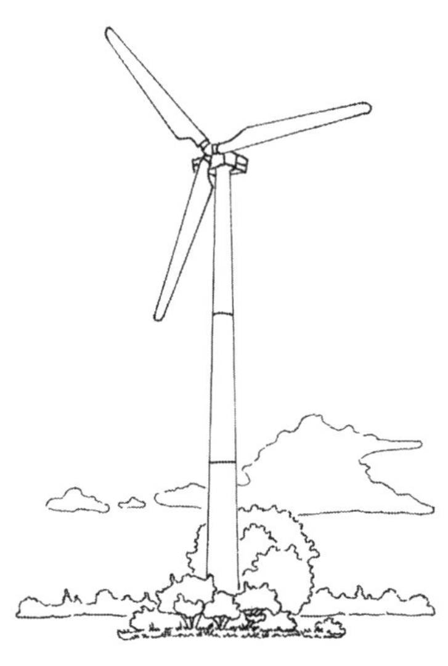

| Energie aus … | Sauber? | Schmutzig? |
|---|---|---|
| Holz | | |
| Sonne | | |
| Wind | | |
| Kohle | | |
| Öl | | |
| Wasser | | |
| Erdgas | | |

☞ Wozu gehören die beiden „Mühlen“-Bilder? Erzähle, was du über solche Mühlen weißt.

# Mit Müll umgehen

Früher warf man den ganzen Müll in eine Tonne: Papier, Essensreste, Batterien oder Plastiktüten. Alles fuhr man auf große Müllhalden. Heute weiß man, dass diese Müllhalden gefährliche Giftstoffe enthalten. Man muss heute viel Geld ausgeben, damit das Gift durch den Regen nicht in das Grundwasser kommt. Heute trennt man Müll. Manches kann man ja noch brauchen. Aus Altpapier werden Kartons hergestellt und aus Plastikmüll macht man Parkbänke.

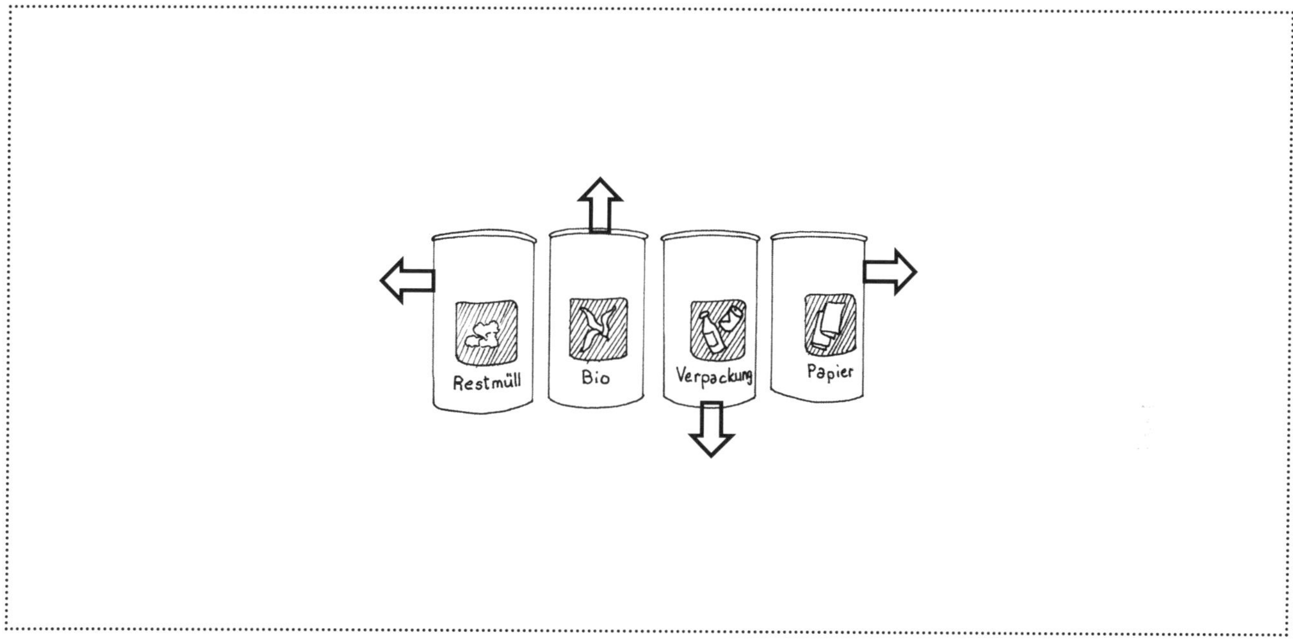


- Schreibe zu der jeweiligen Tonne, was da hineinkommt.
- Verfasse ein Müll-Tagebuch. Beobachte, was bei dir zuhause alles in den Müll wandert. Achtet darauf, in welche Tonnen der Müll kommt.

## Aus Müll etwas machen

### Rassel-Becher

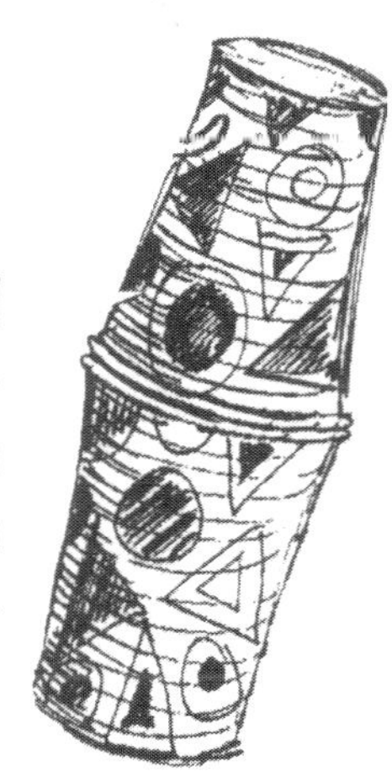

Zwei Jogurt- oder Trinkbecher werden ausgewaschen und mit Sand oder kleinen Steinen gefüllt. Dann werden sie mit Plastikkleber zusammengeklebt. Sicherheitshalber kann man noch ein Klebeband um die Klebestellen kleben. Die Becher kann man bunt anmalen. Wenn viele Rassel-Becher mit unterschiedlich viel Sand oder Steinen gefüllt werden, kann man ein Rassel-Becher-Konzert machen.

### Getränketütenauto

Man öffnet eine Milch- oder Saft-Tüte oben und spült sie gut aus. Die Achsen werden aus zwei Holz-Spießen gemacht. Als Räder dienen Korken-Scheiben. Man schneidet mit einem Brotmesser einen Wein-Korken auf, sodass vier Scheiben entstehen. Die Spieße sticht man weit unten in die Getränke-Tüte. Dann werden die Spieße in die Kork-Scheiben gestochen.

# Die Plastiktüte

**Plastiktüten** gehören zu unserem Alltag. Sie sind eine Erfindung aus Deutschland. Es gibt sie seit dem Jahr 1961. Wenn man einkauft, wird oft der Einkauf darin eingepackt. Wir achten gar nicht mehr auf sie. Dabei sind Plastiktüten gar nicht gut für unsere Umwelt.
Wenn eine Plastiktüte erzählen könnte, dann klänge dies vielleicht so:

„Ich bin eine Plastiktüte. Jährlich stellt man eine Billion von mir her. Das ist eine riesige Menge. Die Zahl hat 12 Nullen und sieht so aus: 1.000.000.000.000.
Aus Erdöl werde ich gemacht. Das ist giftig. Wenn man mich zu voll lädt, reiße ich schnell. Man kann mich nicht mehr flicken. Daher wirft man mich schnell auf den Müll.

In vielen Ländern wird der Müll zerkleinert und ins Meer gekippt. Dann verschlucken mich Meerestiere und sterben daran.
Tausende Jahre brauche ich, bis ich verrottet bin. Daher werden noch viele eurer Nachkommen mit mir zu tun haben."

- ☞ Es gibt in vielen Ländern ein Verbot für Plastiktüten. Und es gibt Menschen, die haben wollen, dass auch bei uns Plastiktüten verboten werden. Was denkst du darüber?

- ☞ Was müsste anders werden, wenn es keine Plastiktüten mehr geben würde?
- ☞ Nun kannst du eine andere Geschichte erzählen. Suche dir einen der Anfänge aus. Du musst dir natürlich vorher darüber Gedanken machen, woraus dieser Gegenstand hergestellt wird. Beschreibe auch seine Vorteile und Nachteile. Du kannst dabei den Vorteil gegenüber der Plastiktüte hervorheben.

- O Ich bin eine Stofftasche ...
- O Ich bin ein Einkaufskorb ...
- O Ich bin eine Papiertüte ...
- O Ich bin eine Jutetasche ...

# Unsere Regeln für den Umgang mit der Schöpfung

# Franz von Assisi

Vor rund 800 Jahren lebte Franz von Assisi. Als junger Mann hat er einen Krieg erlebt und beschlossen, sein Leben zu ändern. Eine Legende erzählt, dass Franziskus einer Schar Vögel begegnet ist. Er dachte sich: Wenn ich zu Menschen predige, warum nicht auch zu Tieren? So sprach er: „Meine Brüder Vögel! Wie sehr müsst ihr Gott, den Schöpfer loben, denn er hat euch Gefieder zum Gewand und Federn für das Fliegen geschenkt."

Eine zweite Legende erzählt von einer Begegnung mit einem Wolf. Immer wieder kam der Wolf in eine Stadt. Doch Franz redete mit dem Wolf und wies ihn darauf hin, dass die Menschen Angst vor ihm haben. Aber er redete auch mit den Menschen in der Stadt und machte ihnen deutlich, dass dem Wolf das Lebensnotwendige fehlt. Er überredete die Menschen in der Stadt, den Wolf zu versorgen.

Franz von Assisi sah alle Lebewesen als Kinder Gottes an. Die Menschen sind für ihn nur ein Geschöpf unter vielen. Daher konnte er überall Geschwister entdecken. Tiere, Pflanzen, Sonne, Mond und Sterne oder das Wasser sah er als Teil der großen Familie Gottes. Und wie in einer Familie muss man füreinander sorgen.

☞ Beschreibe das Besondere an Franz von Assisi und warum man an ihn denkt, wenn man über den Umgang mit der Schöpfung nachdenkt.

☞ Mit Tieren zu reden – warum tut Franz das?

☞ Was meint Franz, wenn er sagt, dass man sich um „seine Familie" sorgen soll?

# Sonnengesang des Franziskus

Von Franz von Assisi stammt ein Gebet, das man „Sonnengesang" nennt. Es beginnt mit „Gelobt seist du", auf Italienisch „Laudato si". Später hat man ein Lied gemacht, das „Laudato si" heißt.

☞ Sprecht miteinander darüber, was die beiden Texte meinen.
☞ Zu dem Lied könnt ihr euch Bewegungen ausdenken.

Gelobt seist du, mein Herr,
mit allen deinen Geschöpfen,
durch Bruder Sonne,
welcher der Tag ist
und durch den du uns leuchtest.

Gelobt seist du, mein Herr,
durch Schwester Mond und die Sterne;
am Himmel hast du sie angebracht,
klar und kostbar und schön.

Gelobt seist du, mein Herr,
durch Bruder Wind und
durch Luft und Wolken und heiteres
und jegliches Wetter, durch das du
deine Geschöpfe versorgst.

Gelobt seist du, mein Herr,
durch Schwester Wasser,
die nützlich ist und kostbar.

Gelobt seist du, mein Herr,
durch Bruder Feuer,
durch das du die Nacht erleuchtest;
und schön ist es und fröhlich
und kraftvoll und stark.

Gelobt seist du, mein Herr,
durch unsere Schwester, Mutter Erde,
die uns erhält und lenkt und
vielfältige Früchte hervorbringt
und bunte Blumen und Kräuter.
Lobt und preist meinen Herrn.

Sei gepriesen für Licht und Dunkelheiten
Sei gepriesen für Nächte und für Tage
Sei gepriesen für Jahre und Gezeiten
Sei gepriesen, denn du bist wunderbar, Herr …

Sei gepriesen für Wolken, Wind und Regen
Sei gepriesen, du lässt die Quellen springen
Sei gepriesen, du lässt die Felder reifen
Sei gepriesen, denn du bist wunderbar, Herr …

Sei gepriesen für deine hohen Berge
Sei gepriesen für Feld und Wald und Täler
Sei gepriesen für deiner Bäume Schatten
Sei gepriesen, denn du bist wunderbar, Herr …

Sei gepriesen, du lässt die Vögel singen
Sei gepriesen, du lässt die Fische spielen
Sei gepriesen für alle deine Tiere
Sei gepriesen, denn du bist wunderbar, Herr …

Sei gepriesen, denn du, Herr, schufst den Menschen
Sei gepriesen, er ist dein Bild der Liebe
Sei gepriesen für jedes Volk der Erde
Sei gepriesen, denn du bist wunderbar, Herr …

Sei gepriesen, du selbst bist Mensch geworden
Sei gepriesen für Jesus, unsern Bruder
Sei gepriesen, wir tragen seinen Namen
Sei gepriesen, denn du bist wunderbar, Herr …

Sei gepriesen, er hat zu uns gesprochen
Sei gepriesen, er ist für uns gestorben
Sei gepriesen, er ist vom Tod erstanden
Sei gepriesen, denn du bist wunderbar, Herr…

# Albert Schweitzer

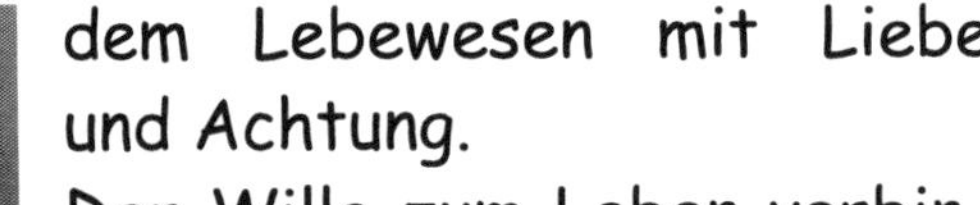

Vor 100 Jahren lebte Albert Schweitzer. Er war Pfarrer, Arzt und Musiker. Um armen Menschen beizustehen, ging er nach Afrika und gründete ein Krankenhaus. Doch dann kam der Erste Weltkrieg, in dem viele Millionen Menschen ihr Leben verloren. Albert spürte: Man muss neu über das Leben nachdenken. Bei einer langen Fahrt auf einem Fluss in Afrika fielen ihm Worte dafür ein: **„Ehrfurcht vor dem Leben."**

Alles, was lebt, ob Pflanzen, Tiere oder Menschen, hängt an seinem Leben. So schrieb er weiter: **„Ich bin Leben, das leben will, inmitten von Leben, das Leben will."**

Wer das begriffen hat, begegnet jedem Lebewesen mit Liebe und Achtung.

Der Wille zum Leben verbindet jedes Lebewesen.

Albert Schweitzer fragte sich, was ein gutes Handeln ausmacht. Er fasste zusammen: Lebewesen achten und sie lieben, Leben erhalten und ihm helfen, dass es besser wird, Mitleid haben und sich mit anderen freuen. Dabei darf es keinen Unterschied geben zwischen wertvollerem und weniger wertvollem Leben. Keiner kann nämlich sagen, was mehr oder weniger wertvoll ist. Schließlich sagte Albert Schweitzer: Die gesamte Natur, Menschen, Tiere, Pflanzen, aber auch die unbelebte Natur, die Luft, das Wasser und der Boden, muss geschützt werden.

- ☞ „Ehrfurcht vor dem Leben" – was meint das?
- ☞ Albert Schweitzer sagte seinen Mitarbeitern im Krankenhaus in Afrika, sie sollen persönliche Haustiere haben. Warum war dies Albert Schweitzer wohl wichtig?
- ☞ Fasse zusammen, was Albert Schweitzer „gutes Handeln" und „schlechtes Handeln" nennen würde.

| Gutes Handeln | Schlechtes Handeln |
|---|---|
| | |

# Häuptling Seattle

Vor über 150 Jahren lebte ein Häuptling der Nordamerikanischen Indianer namens Seattle. Heute trägt eine große Stadt im Westen der USA seinen Namen. Indianer wurden damals von den Weißen bekämpft. Wenn sie besiegt wurden, sollten sie Land an die Weißen verkaufen. Indianer aber dachten, dass Land keinem gehören kann. Seattle hat eine Rede vor dem neuen weißen Herrscher seines Landes gehalten. Sie enthielt folgende Gedanken:

„Der große Häuptling in Washington (der Präsident der USA) sendet uns Nachricht, dass er unser Land zu kaufen wünscht. Ihr müsst wissen:
Jeder Teil dieses Landes ist meinem Volke heilig. Jeder Hang, jede Ebene, jeder Strand und jeder Wald, jeder Nebel, jede Tannennadel und jedes summende Insekt ist heilig in der Erinnerung meines Stammes.
Wie könnt ihr den Himmel oder die Wärme der Erde kaufen oder verkaufen? Diese Vorstellung ist uns fremd.
Was immer der Erde widerfährt, widerfährt auch den Kindern der Erde.
Lehrt eure Kinder, was wir unsere Kinder gelehrt haben: dass die Erde unsere Mutter ist. Was immer der Erde widerfährt, widerfährt auch den Kindern der Erde. Wenn Menschen auf die Erde spucken, bespucken sie sich selbst. Dieses wissen wir: Die Erde gehört nicht dem Menschen. Der Mensch gehört der Erde. Alle Dinge sind miteinander verbunden. Die duftenden Blumen sind unsere Schwestern, die Rehe, das Pferd, der große Adler sind unsere Brüder.
Der Anblick eurer Städte schmerzt die Augen des roten Mannes. Vielleicht, weil der rote Mann ein Wilder ist und nicht versteht. Es gibt keine Stille in den Städten der Weißen. Keinen Ort, um das Entfalten der Blätter im Frühling zu hören oder das Summen der Insekten.
Die Luft ist kostbar für den roten Mann, denn alle Dinge teilen denselben Atem. Der weiße Mann scheint die Luft, die er atmet, kaum zu bemerken."

☞ Unterstreiche die Sätze, die dir besonders gut gefallen.

☞ Worum geht es Seattle? Schreibe fünf Forderungen, die von Seattle kommen könnten.

☞ Seattle sagt, dass jeder Teil des Landes „heilig" ist. Was könnte mit „heilig" alles gemeint sein? Aus dem Satz Seattles wurde auch ein Lied gemacht.

# Erntedank feiern

Im Herbst feiern Christen das Erntedankfest. Daher findet an einem Sonntag Ende September oder Anfang Oktober ein Erntedankgottesdienst statt. Im Gottesdienst denkt man über Gottes Schöpfung nach.
Man denkt zunächst daran, dass nun das Ende der Erntezeit ist. Durch die Ernte sieht man, was Gott durch die Natur alles den Menschen schenkt. Daher legt man Früchte, Gemüse, Ähren und Blumen vor den Altar. So kann man alle Gaben der Natur ansehen und sich darüber freuen.
An Erntedank denkt man aber auch über die Frage nach, wie wir mit der Natur umgehen. Es wird danach geschaut, wo die Schöpfung in Gefahr ist. Wie beuten wir die Schätze der Natur aus? Wo gehen wir sorglos mit unserer Umwelt um?
Schließlich wird danach gefragt: Wenn wir hier genug Nahrung haben – wie ist das mit Menschen anderswo? Woran liegt es, dass so viele auf der Welt wegen Hunger Not leiden und sterben? Wenn wir im Vaterunser beten: „Unser täglich Brot gibt uns heute", gilt dies für alle Menschen auf der Welt.
So ist Erntedank ein Fest, an dem man über die Welt nachdenkt. Man denkt an das, was man hat. Man überlegt, wie man mit der Schöpfung umgeht und vieles besser machen kann. Und man bittet dafür, dass Menschen überall auf der Welt genügend Nahrung haben.

☞ Fasse zusammen, warum man Erntedank feiert.

☞ Gestalte das Bild und ergänze die Dinge, für die du dankbar bist.

☞ Was müsste für dich bei einem Erntedankgottesdienst vorkommen, wenn es um die Frage geht, was man auf der Welt besser manchen kann?

# Erntedank-Gottesdienst

**Begrüßung**
Wir beginnen diesen Gottesdienst im Namen Gottes,
der unseren Lebensraum und alle Lebewesen geschaffen hat. Amen.

**Dankgebet**
Herr, wir danken dir, dass du unsere Welt geschaffen hast,
Licht und Dunkelheit, Himmel und Erde, Pflanzen, Tiere und Menschen.
Wir danken dir, dass du für alles sorgst, denn du gibst uns Nahrung.
Sorge auch weiter für uns. Gib allen deinen Lebewesen die Kraft,
die sie zum Leben brauchen. Amen.

**Bibeltexte**
1. Mose 1,1-2,4; 1. Mose 2, ab Vers 4; Psalm 8; Psalm 104 (Auszüge im Gesangbuch)

**Baustein: Wunder der Schöpfung bestaunen**
Die Schöpfung Gottes ist voller Wunder. Sie bringt einem immer wieder zum Staunen. Jeder trägt in die Sonnenblume ein, was ihn in Gottes Schöpfung zum Staunen bringt.

# Erntedank-Gottesdienst

**Lieder**

An Erntedank werden gerne folgende Lieder gesungen:

- Geh aus mein Herz und suche Freud
- Du hast uns deine Welt geschenkt
- Laudato si
- Solang die Erde steht
- Jeder Teil dieser Erde
- Wir pflügen und wir streuen

**Fürbitte**

Gott, lass uns wachsam sein
für deine Schöpfung.
Lass unsere Augen sehen,
wenn etwas bedroht ist.
Lass unsere Ohren hören,
wenn man nach uns ruft.
Lass unseren Mund nicht schweigen,
wenn es etwas zu sagen gibt.
Lass unsere Hände anpacken,
wenn wir gebaucht werden.
Amen.

**Unser tägliches Brot**

Im Vaterunser beten wir: Unser tägliches Brot gib uns heute. Damit ist gemeint, alles, was wir zum Leben brauchen. Das ist nicht nur Nahrung. In das Brot kannst du eintragen, was damit alles gemeint sein kann.

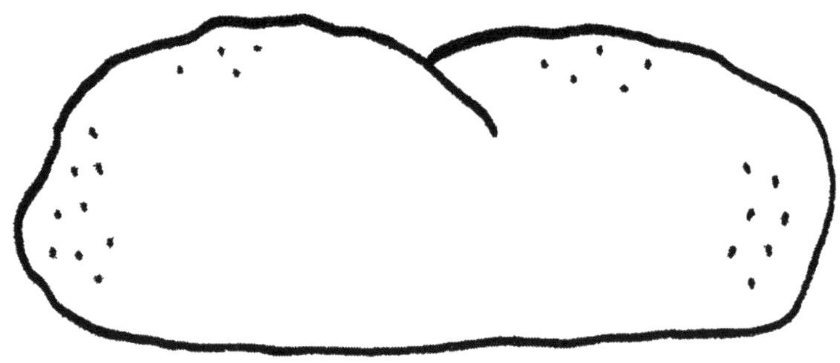

**Segen**

Gott segne alles Leben auf der Welt.
Er sei bei Pflanzen, Tieren und Menschen.
Er behüte alle, die noch wachsen sollen.
Er stärke alle, die stark für sich und für andere sein müssen.
Er begleite die, die am Ende des Lebens stehen.
Gott segne alles Leben auf der Welt.

# Du hast uns deine Welt geschenkt

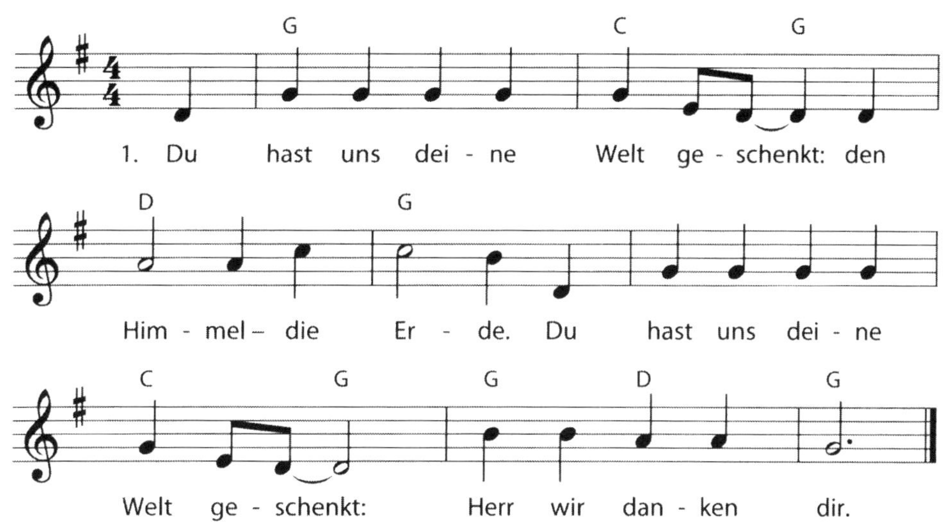


Rolf Krenzer/Detlev Jöcker

Du hast uns deine Welt geschenkt,
die Länder – die Meere.
die Sonne – die Sterne.
die Berge – die Täler.
die Blumen – die Bäume.
die Vögel – die Fische.
die Tiere – die Menschen.

..................................................................................

Du hast uns deine Welt geschenkt: Herr, wir danken dir.

Letzte Strophen:

| Du hast uns deine Welt geschenkt:<br>du gabst mir das Leben.<br>Du hast mich in die Welt gestellt.<br>Herr, ich danke dir. | Du hast uns deine Welt geschenkt:<br>du gabst uns das Leben.<br>Du hast uns in die Welt gestellt.<br>Herr, wir danken dir. |
|---|---|

☞ Verfasse eine weitere Strophe auf den gestrichelten Punkten.
☞ Gestalte zu diesen Worten im Lied Bewegungen:

| Welt geschenkt | danken dir | Himmel | Erde |
|---|---|---|---|
| Länder | Meere | Sonne | Sterne |
| Berge | Täler | Blumen | Bäume |
| Vögel | Fische | Tiere | Menschen |
| mir das Leben | uns das Leben | | |

☞ Du kannst mit den Worten aus dem Lied Gebete formulieren:
„Herr, ich danke dir für den Himmel und die Erde, denn …“
„Herr, ich danke dir für Länder und die Meere, denn …“

# Ich bitte – Ich danke

An Erntedank geht es um Bitte und Dank. Wofür bist du dankbar? Wofür bittest du? Die offene Hand ist ein Symbol für beides – Dank und Bitte.

Wenn du zwei Kopien der Seite hast, kannst du deine Bitten und deinen Dank in die offene Hand eintragen und anderen präsentieren.

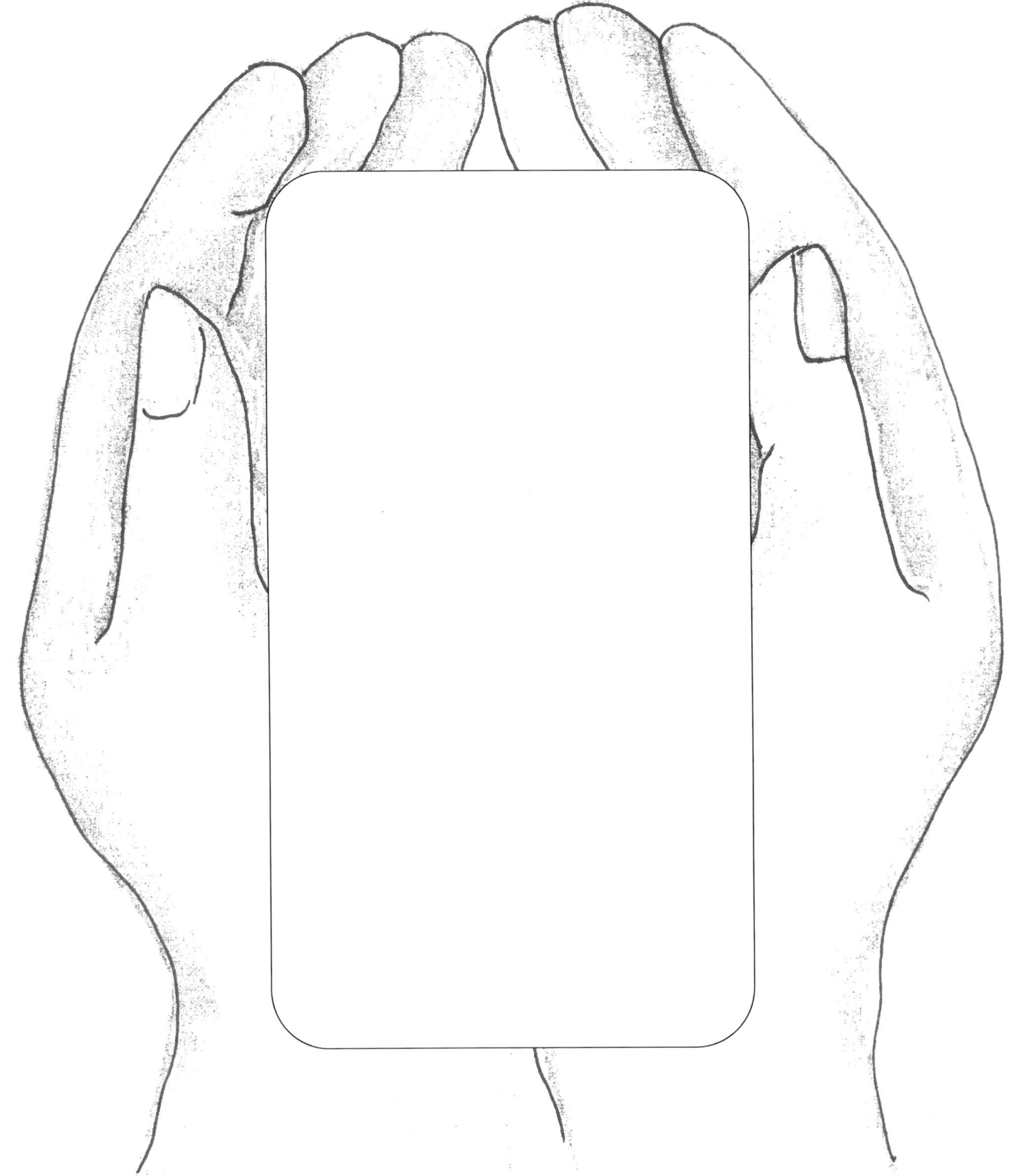

# Schöpfungs-Fragen

☞ Was wird hervorgehoben, wenn man die Umwelt „Schöpfung“ nennt.

☞ In der Bibel gibt es mehrere Geschichten, die vom Anfang der Welt erzählen. Fasse zusammen, was du über sie weißt.

☞ Auf welche Geschichte der Bibel spielt das Bild rechts an? Was will der Künstler Hans Moser mit dem Bild sagen?

☞ Das Erntedankfest wird jedes Jahr gefeiert. Woran erinnert es?

☞ Beantworte folgende Fragen zur Umwelt. Die Antworten findest du unten auf dem Kopf.

1. *Wie alt ist Regenwasser?* a. so alt wie die Erde; b. 5 Minuten; c. 100 Jahre;
2. *Wie viel Luft braucht man täglich zum Atmen (Liter):* a. 500; b. 5000; c. 50.000 Liter.
3. *Wie viel Liter Wasser verbrauchen wir etwa am Tag?* a. 5; b. 80; c. 130 Liter.
4. *Wozu gehören Kohle, Öl und Gas?* a. Fossile oder b. erneuerbare Brennstoffe.
5. *Was schützt vor Strahlen aus dem All?* a. Ozonschicht; b. Sonnencreme.
6. *Was ist heute Hauptursache für das Artensterben?* a. Vulkane; b. der Mensch.
7. *Ein Umweltengel steht für:* a. Umweltschützer; b. umweltverträgliche Dinge.
8. *Von welchen Tierarten gibt es mehr?* a. Insekten; b. Vögel; c. Säugetiere.
9. *Welche Tierarten sind gefährdet?* a. Eisbär; b. Reh; c. Gorillas; d. Katzen.
10. *Die Rote Liste ist …* a. Liste gefährdeter Pflanzen und Tiere; b. Einkaufszettel.

1. a. so alt wie die Erde, denn das Wasser wird je nach Temperatur flüssig, fest oder gasförmig; 2. c. Ein Erwachsener braucht 50.000 Liter; 3. c. 130 Liter, davon nur 5 Liter zum Essen und Trinken. Der Rest wird durch Körperpflege, Wasch- und Spülmaschinen und die Toilette gebraucht; 4. a. fossile Brennstoffe waren einmal Lebewesen (Fossilien). Sie speichern Sonnenenergie und sind nicht erneuerbar; 5 a. Die Ozonschicht ist wie eine Schutzhülle um die Erde. Manche Gase, die wir herstellen, zerstören diese Schicht; 6. b. Mensch; 7. b. Umweltverträgliche Produkte oder Dinge; 8. a. Es gibt 2 Millionen Arten von Lebewesen, wovon 1,4 Millionen Insekten sind; 9. a. Eisbär und c. Gorilla, weil das Eis der Arktis schmilzt und Wälder in Afrika gerodet werden. 10. a. Liste der gefährdeten Pflanzen und Tierarten.

☞ Im Internet findest du spannende Quiz-Spiele zur Umwelt – so zum Beispiel unter www.bildungscent-spiel.de/bmu.

## Hinweise auf die Reihen „ReliBausteine primar“ und „Kennst du ...?“

Die Reihe „ReliBausteine primar“ für den Unterricht in der Grundschule und Orientierungsstufe besticht durch drei Elemente:

- Eine prägnante **Einführung** in ein komplexes Thema wird dargeboten, die sowohl Menschen in Ausbildung als auch Lehrenden in Schule und Gemeinde hilft, sachliche und didaktische Fragen zu klären.
- Elementare **Arbeitsmaterialien**, die in Schule und Gemeinde leicht einsetzbar sind.
- **Kreativideen**, wie man im Unterricht und darüber hinaus aktiv werden kann.

Bisher sind in der Reihe „ReliBausteine primar“ die Bände „Kirche erkunden“, „Unsere Kirchen“, „ICH und DU“, „Jesus begegnen“, „Religionen der Welt“, „Altes Testament“ und „Kirchenjahr und Lebensfeste“ erschienen.

Michael Landgraf
**Kirche erkunden**
(ReliBausteine primar)
DIN A4, 72 Seiten, Paperback
ISBN (Calwer) 978-3-7668-4083-7
ISBN (VSP) 978-3-939512-12-7
ISBN (RPE) 978-3-938356-24-1

Michael Landgraf
**Unsere Kirchen**
(ReliBausteine primar)
DIN A4, 72 Seiten, Paperback
ISBN (Calwer) 978-3-7668-4075-2
ISBN (VSP) 978-3-939512-16-5
ISBN (RPE) 978-3-938356-29-6

Michael Landgraf
**ICH und DU**
(ReliBausteine primar)
DIN A4, 80 Seiten, Paperback
ISBN (Calwer) 978-3-7668-4171-1
ISBN (VSP) 978-3-939512-23-3
ISBN (RPE) 978-3-938356-34-0

Michael Landgraf
**Jesus begegnen**
(ReliBausteine primar)
DIN A4, 80 Seiten, Paperback
ISBN (Calwer) 978-3-7668-4191-9
ISBN (VSP) 978-3-939512-85-1
ISBN (RPE) 978-3-938356-36-4

Michael Landgraf
**Religionen der Welt**
(ReliBausteine primar)
DIN A4, 80 Seiten, Paperback
ISBN (Calwer) 978-3-7668-4219-0
ISBN (VSP) 978-3-939512-45-5
ISBN (RPE) 978-3-938356-41-8

Michael Landgraf
**Altes Testament**
(ReliBausteine primar)
DIN A4, 80 Seiten, Paperback
ISBN (Calwer) 978-3-7668-4261-9
ISBN (VSP) 978-3-939512-55-4
ISBN (RPE) 978-3-938356-54-8

Michael Landgraf
**Kirchenjahr und Lebensfeste**
(ReliBausteine primar)
DIN A4, 80 Seiten
ISBN (Calwer) 978-3-7668-4432-3
ISBN (VSP) 978-3-939512-91-2
ISBN (RPE) 978-3-938356-67-8

---

Kennst du ...? **Das Kirchenjahr**
von Michael Landgraf
22 x 24 cm, 32 Seiten, Paperback,
ISBN (Calwer) 978-3-7668-4490-3
ISBN (VSP) 978-3-947534-03-6
ISBN (RPE) 978-3-938356-69-2

Kennst du ...? **Martin Luther**
von Michael Landgraf
22 x 24 cm, 24 Seiten, Paperback,
ISBN (Calwer) 978-3-7668-4220-6
ISBN (VSP) 978-3-939512-42-4
ISBN (RPE) 978-3-938356-44-9

Kennst du ...? **Die Kirche**
von Michael Landgraf
22 x 24 cm, 32 Seiten, Paperback,
ISBN (Calwer) 978-3-7668-4345-6
ISBN (VSP) 978-3-939512-70-7
ISBN (RPE) 978-3-938356-60-9

Kennst du ...? **Jesus Christus**
von Michael Landgraf
22 x 24 cm, 32 Seiten, Paperback,
ISBN (Calwer) 978-3-7668-4290-9
ISBN (VSP) 978-3-939512-59-2
ISBN (RPE) 978-3-938356-59-3

Kennst du ...? **Die Weltreligionen**
von Michael Landgraf
22 x 24 cm, 32 Seiten, Paperback,
ISBN (Calwer) 978-3-7668-4419-4
ISBN (VSP) 978-3-939512-86-8
ISBN (RPE) 978-3-938356-66-1